Adelbert Natorp

Kreuz und Kerker

, die Arbeit der christlichen Liebe an den Gefangenen und aus dem Gefängnis

Entlassenen

Adelbert Natorp

Kreuz und Kerker
*, die Arbeit der christlichen Liebe an den Gefangenen und aus dem Gefängnis
Entlassenen*

ISBN/EAN: 9783742899033

Hergestellt in Europa, USA, Kanada, Australien, Japan

Cover: Foto ©Andreas Hilbeck / pixelio.de

Manufactured and distributed by brebook publishing software
(www.brebook.com)

Adelbert Natorp

Kreuz und Kerker

Kreuz und Kerker.

Die Arbeit der christlichen Liebe

an den Gefangenen und aus dem Gefängniß Entlassenen,

vorzüglich nach der Wirksamkeit der

Rheinisch-Westfälischen
Gefängniß-Gesellschaft,

dargestellt durch

Adelbert Natorp,
ev. Pfarrer zu Düsseldorf,
z. Präsidenten der Rhein.-Westf. Gefängniß-Gesellschaft.

Verlag der Rhein.-Westf. Gefängniß-Gesellschaft zu Düsseldorf.
1867.
In Commission bei C. Römke & Comp., Buchhandlung
in Cöln, Hohestraße 44.

Inhalt.

Dr. Theodor Fliedner,

Gründer der Rheinisch-Westfälischen Gefängniß-Gesellschaft; geb. den 21. Januar
1800 zu Eppstein, gest. den 4. October 1864 zu Kaiserswerth.

Seinem Dienste das Organ Seines heiligen Geistes und Seiner erbarmenden Liebe werde, so erwächst ihr aus jenem Worte des HErrn die große Mission: an den Gefangenen zu arbeiten und dahin zu wirken, daß ihnen wirklich die verheißene Erledigung zu Theil werde.

Was aber ist diese Erledigung? Ist sie nur die möglichste Milderung der Strafe, welche das vergeltende Gesetz in seiner unerbittlichen Gerechtigkeit über die Uebertreter verhängt? Oder ist sie die Wohlthat, welche den Gefangenen durch Bildung und Unterricht, durch Anleitung zu einem sittlichen Wandel und Gründung einer besseren bürgerlichen Existenz im Namen der so= genannten Humanität geboten wird? — Wir sind weit entfernt davon, die Bedeutung dieser Bestrebungen für das Heil der Gefangenen zu unterschätzen, sehen sie vielmehr als eine unerläßliche Pflicht aller Derer an, welche auf jene „Erledigung" selbst hinarbeiten wollen, und heißen sie, wo wir sie finden, als eine Art Jo= hannes=Arbeit für die höchste Aufgabe der christlichen Liebe an den Gefangenen gern willkommen. Aber mit diesen Bestrebungen allein wäre den Gefangenen so wenig wie der ganzen Welt geholfen, und um ihnen diese Art von Hülfe zu bringen, dazu wäre die Er= scheinung des Sünderheilandes auf Erden keine unab= weisbare Nothwendigkeit gewesen. Es handelt sich viel= mehr darum, der Verbrecherwelt die Erledigung zu bringen, welche der Sohn Gottes durch sein Erlösungs= werk der ganzen Welt errungen hat und welche er selbst einst bei der Aussendung des Apostels Paulus mit den Worten bezeichnete: „Siehe, ich sende dich unter die Heiden, aufzuthun ihre Augen, daß sie sich bekehren von der Finsterniß zum Licht und von der Gewalt des Satans zu Gott, auf daß sie empfangen Vergebung ihrer Sünden und das Erbe sammt denen, die geheiligt

werden durch den Glauben an Mich!" Das
Heil in Christo haben wir den Gefangenen zu verkün=
digen, sie zur Buße und zum Glauben zu erwecken, sie
auf dem Wege der Wiedergeburt und Bekehrung wahr=
haft frei zu machen und sie dadurch für Zeit und Ewig=
keit zu retten.

Die Aufgabe ist eine unendlich schwierige, — das
fühlt Jeder, der sie auch nur von ferne kennt. Bei
den unglücklichen Gefangenen, welche gewöhnlich seit
frühester Jugend von einer Sprosse der Gottentfremdung
zur andern immer tiefer hinabsanken, bis sie ein Ver=
gehen begingen, welches sie dem Arm der bürgerlichen
Gerechtigkeit überlieferte, läßt sich schon an und. für
sich ein hartnäckiger Widerstand gegen das Evangelium
erwarten. Unglaube und Laster haben sie meist für
alle höheren Eindrücke unempfänglich gemacht. Aber
die Strafe, die sie erleiden, verbunden mit der Schande
und den Verlusten, die sie über sie verhängt, wirkt ge=
wöhnlich noch mehr erbitternd und verstockend auf sie
ein. Sie sehen in der Regel jeden Vertreter der Obrig=
keit als ihren geschwornen Gegner, ihre Bestrafung als
ein ihnen angethanes empörendes Unrecht und auch den
Diener Christi oder den christlich gesinnten Freund, der
ihnen den Weg zur Seligkeit zeigen möchte, als ihren
verlarvten Feind an. Da ist denn kaum irgendwo ein
härteres, undankbareres Arbeitsfeld für die christliche
Liebe zu finden als in den Gefängnissen, und das Wort:
„hier ist Geduld und Glaube der Heiligen!" gilt von
den Gefangenen mit verstärktem Nachdruck.

Aber die Aufgabe, welche sich die Gefängniß=Ge=
sellschaften setzen, ist gleichwohl eine sehr köstliche. Ein=
mal sind ja nicht alle Gefangene verhärtete Bösewichter,
deren unsterbliche Seelen gegen das Evangelium ebenso
stark verschlossen und verriegelt wären, wie die Kerker=
thore, hinter denen sie schmachten; — es gibt auch
zahlreiche Unglückliche unter ihnen, welche als Opfer

1*

einer unheilvollen Uebereilung in's Gefängniß geriethen;
wir finden dort auch Kinder, Jünglinge und Jung=
frauen, welche für christlichen Unterricht und Erziehung
noch leicht zugänglich sind, ja sogar Tiefgebeugte, welche
die Schande und das Elend ihres Zustandes mit heißen
Thränen beweinen und nur darauf warten, daß ihnen
der selige Trost des Evangelii geboten wird. Wie sollte
es die Liebe Christi nicht für eine Freude achten, diesen
Seelen nachzugehen und an ihnen das Wort des HErrn
zur Erfüllung zu bringen: „Ich bin gefangen gewesen,
und ihr seid zu Mir gekommen!" (Matth. 25, 36.) —
Aber auch von dieser Minderzahl abgesehen, ist's
nicht eine theure Aufgabe der erbarmenden Christenliebe,
gerade der Allerverkommensten, Stumpfsten und Ver=
härtetsten sich anzunehmen? — Wir begreifen's doch
vom Standpunkte des Christenthums aus, daß ein
Zinzendorf und die ganze Brüdergemeinde sich vorzugs=
weise zur Mission unter den Heiden gedrängt fühlte,
und daß z. B. die Rheinische Mission gerade die Elen=
desten unter allen Heiden, die Hottentotten und Kaffern,
sich zum ersten Gegenstande ihrer Liebesarbeit erwählte;
— das größte Elend fordert eben die stärkste Liebe
und die größten Hindernisse den stärksten Glauben her=
aus. Derselbe Grund aber sollte den Christenleuten
unter allen Werken der Heimathmission die Arbeit an
den Gefangenen, als den Elendesten unter unserm Volke,
besonders lieb und wichtig machen. Sieht's nicht ein
Regiment für eine Auszeichnung an, wenn es den Be=
fehl erhält, die gefährlichste Position des Feindes zu
nehmen? Muß nicht der Widerstand, auf welchen unsre
Arbeit in den Gefängnissen trifft, unsrer Liebe denselben
Dienst thun, welchen der harte Feuerstein dem Stahl
leistet, dem er den glühenden Funken entlockt? Und
was wäre unser Glaube werth, wenn er vor der Größe
der Aufgabe oder vor den Felswänden sogenannter un=
überwindlicher Hindernisse zurückbebte? Kennen wir

das Wort unsers Heilandes nicht: „Alle Dinge sind möglich dem, der da glaubet?" Muß es nicht für unsern Glauben einen Reiz haben, gerade an den Menschen, deren innerer Zustand aller Strafen des Gesetzes und aller Bemühungen der blos natürlichen Besserungsbestrebungen spottet, die Gotteskraft des Evangelii zu versuchen? Wie würde doch jemals das Christenthum zu uns Deutschen gekommen sein, wenn ein Winfried und Suitbert und die Ewalde und Ausgare wie so manche unsrer heutigen Christen hätten denken wollen: an so wilden Menschen ist doch alle Mühe verloren!

Es sollte uns aber die Arbeit an den Gefangenen noch aus dem Grunde ein köstliches Werk sein, weil uns hier Gelegenheit geboten wird, die große Mitschuld einigermaßen zu sühnen, welche wir Alle in Beziehung auf die Vergehungen und Verbrechen unsers Volks auf unserm Gewissen haben. Diese Mitschuld ist eben so wenig in Abrede zu stellen, als sie von Tausenden nicht empfunden wird. Abgesehen von allen eigentlichen Versuchungen und Verleitungen zum Verbrechen, von dem Aergerniß, das durch böses Vorbild und böse Reden gegeben wird und von den kleinen Sünden, die sich Alle zu Schulden kommen lassen, aus welchen aber die großen hervorgehen, welche die Obrigkeit strafen muß, — schon das, was wir zum Wohl unserer Mitmenschen zu thun unterlassen, klagt uns laut der Mitschuld an ihren Vergehungen an. Die Kinder, die von uns nicht zur rechten Zeit gerettet wurden, die Dienstboten und Lehrlinge, denen sich keine Hand der Liebe entgegenstreckte, um sie vor den Versuchungen ihres Standes zu bewahren, die Confirmirten, denen die Treue der Pfarrer nicht nachging, die Armuth, die vergeblich um Arbeit und Hülfe bat, — sind sie nicht Alle laut zeugende Ankläger, die uns mit Recht der Mitschuld an ihrem Verbrechen zeihen! Können wir's in Abrede stellen, daß ihre Verbrechen nur die reifen Früchte an dem weitverzweigten Baum eines verderbten Volksgeistes und Volkslebens sind? Und sollten wir es nicht als eine ernste Pflicht ansehen, durch Liebesarbeit an den Gefallenen unsere Reue über unsere Mitschuld zu bethätigen?

Und noch Eins! — der Arzt sucht wohl die Ge= nesung des Kranken vorzugsweise dadurch herbeizuführen, daß er auf das allgemeine Wohlbefinden desselben hinwirkt; aber er vernachläßigt darüber nicht das ein= zelne kranke Glied oder Organ, sondern wendet diesem seine unausgesetzte, sorgfältige Aufmerksamkeit zu, damit nicht von diesem kranken Organe wieder eine schlimme Rückwirkung auf den ganzen Körper ausgeübt werde. Die zu Tage tretende schlimmste Krankheit unsres Volks= lebens ist das Verbrechen. Gewiß sind auch wir verpflichtet, vorzüglich darauf hinzuarbeiten, daß unser ganzes Volk durch Gottes Wort und Geist von Herzen gesunde, damit so von innen heraus Alles, was Sünde heißt, überwunden werde. Aber jenes kranke Glied an dem Leibe unsers Volkes: die Verbrecherwelt, ist einer ebenso ernsten, eingehenden Sorge werth, wie das kranke Glied am menschlichen Leibe. Vernachlässigen wir diese geschlossene Welt in irgend einer Beziehung, thun Staat, Kirche, Schule und Haus nicht ihre Pflicht und Schuldigkeit an den Gefangenen, wahrlich sie müssen's selbst am Schwersten und ein Jeder in seiner Weise büßen. Das Verbrechen wirkt aus dem Gefängnisse in's Leben zurück, und zwar als ein Gift von zwiefach zerstörender Kraft wie der kalte Brand, der zwar zu= nächst nur ein Glied des Leibes ergreift, aber bald den ganzen Leib zu verderben droht.

Das Alles ist Grund genug, die Arbeit an dem Heile der Gefangenen mit heiligem Ernst zu treiben, und Alle, die den Herrn und sein Wort lieb haben, sollten sich die Hand über diesem Werke reichen, um an ihrem

Theil die große Schuld abzutragen, welche unser Volk den Gefangenen gegenüber einzulösen hat.

Man kann sagen, wie die Gefängnisse mit ihren Insassen ein Maßstab für den Grad des Verderbens eines Volkes sind, so läßt sich auch der sittlich religiöse Gehalt eines Volkes nach dem Eifer beurtheilen, den es den Gefangenen zuwendet. Ein christliches Volk muß das Wort des Herrn: „Den Gefangenen eine Erledigung, den Gebundenen eine Oeffnung!" auf seine Fahne schreiben, und wenn es kein Volk thäte, so müßte es wenigstens das Volk der Christen thun; und in der That hat das lebendige Christenthum zu allen Zeiten die mächtigsten Anstöße zur Arbeit an den Ge= fangenen gegeben.

Elisabeth Fry. Dr. Fliedner. Die Rheinisch = Westfälische Gefängniß= Gesellschaft.

Es war zu Anfang der zwanziger Jahre unsers Jahrhunderts, als eine merkwürdige Erscheinung des brittischen Inselreichs auch bei uns auf dem Festlande die allgemeinste Aufmerksamkeit auf sich zu ziehen be= gann. Eine Frau aus den vornehmsten Ständen durch= zog als Rednerin die Lande. Von Stadt zu Stadt reisend, versammelte sie in Gasthöfen und andern öffent= lichen Lokalen eine Menge von Zuhörern um sich, welche theils von Neugier, theils von Ehrfurcht und Begeiste= rung getrieben, sich ihr zu Füßen setzten. Im schlichten Gewande einer Schwester von der „Gesellschaft der Freunde" und in ebenso schlichter als warmer, licht= voller und zuweilen hinreißender Rede hielt sie ihren Vortrag, der gewöhnlich an ein Wort der heiligen

Schrift anknüpfte. Und was war der immer wieder-
kehrende, unerschöpfliche Inhalt dieser Reden?

Elisabeth Fry hatte bekanntlich ihr ganzes Leben dem freiwilligen Dienste christlicher Liebe an den
Gefangenen gewidmet. In die Kerker London's und
allmählich fast ganz England's hatte sie sich mit dem
anspruchslosen Wunsche, den Gefangenen das Evangelium
zu verkündigen, Eingang zu verschaffen gewußt. Dort
hatte sie den Verbrechern aus der Bibel vorgelesen, das
Gelesene erklärt, mit den Gefangenen Gespräche über
ihr Seelenheil angeknüpft, mit ihnen gebetet, und da
solche geistliche Arbeit auch immer die Arbeit für das
äußere Wohl der Sträflinge sowohl innerhalb als
außerhalb der Gefängnisse mit sich bringt, so hatte sie
auch die wenige Muße, die sie außer den Gefängnissen
für sich behielt, für ihre heißgeliebten Pfleglinge nutz-
bar zu machen gewußt, indem sie Gaben für dieselben
sammelte, den Entlassenen Beschäftigung und christliche
Freunde zu verschaffen suchte und an geistliche und
weltliche Behörden, an Fürsten und Jedermann ihre
Wünsche und Vorstellungen richtete.

Aber es genügte ihrem liebreichen Herzen nicht,
nur ihre Landsleute für die heilige Aufgabe ihres Lebens
zu erwärmen, — sie wurde von christlichen Freunden
wiederholt nach dem Festlande gerufen, und folgte willig
diesem Rufe. In die Gefängnisse war aller Orten
ihr erster Gang gerichtet, wo man sie ihr nur öffnete,
und von den Gefangenen, von ihren Erfahrungen
unter ihnen, von der Nothwendigkeit, ihnen zu ihrem
Seelenheil und äußeren Wohle behülflich zu sein, von
Licht und Schatten in den Einrichtungen der Gefängnisse redete ihr beredter Mund. War sie doch auch
ganz dazu angethan, durch ihre seltene Würde, ihr warmes Christenherz, ihren hohen Verstand und feine Bildung der Sache, die sie vertrat, Achtung zu verschaffen,
und selbst daß ein Weib über eine Angelegenheit sprach,

welche dem weiblichen Berufe sonst ferner liegt, vergaß man bald, weil man fühlte, daß der Herr selbst sie mit seltenen Gaben zu ihrem hohen Berufe ausgerüstet. Unter den Personen, welche durch diese begeisterte Vorkämpferin der christlichen Gefangenen-Pflege für die Arbeit in den Gefängnissen gewonnen wurden, befand sich auch der Mann, der als einer der merkwürdigsten christlichen Charactere unserer Zeit, für die weitesten Kreise des christlichen Lebens ein so gesegnetes Rüstzeug in der Hand des Herrn werden sollte. Theodor Fliedner, gebürtig aus dem reizend am Taunus gelegenen Dörflein Eppstein im Nassauischen, schon damals Pfarrer der kleinen evangelischen Gemeinde zu Kaiserswerth am Rhein, hatte nicht so bald von den beredten Schilderungen der Fry gehört und ihre Weise, mit den Gefangenen zu verkehren, kennen gelernt, als er beschloß, alles daran zu setzen, um in dem ihm zunächst liegenden Kreise eine ähnliche Pflege der Gefangenen ins Leben zu rufen. Und wie er in seinem ganzen Leben und Wirken niemals darauf zu warten pflegte, daß Andere vor ihm oder auch nur mit ihm etwas thaten, sondern am liebsten gleich selbst Hand ans Werk legte und das schwerste Stück Arbeit auf die eigenen Schultern nahm, so auch bei diesem ersten seiner hervorragenderen Werke. Er erwirkte sich, freilich unter viel Kampf und Widerstand, namentlich aber begünstigt durch das freundliche Entgegenkommen des frommen damaligen Düsseldorfer Regierungspräsidenten, die Erlaubniß, alle 14 Tage einmal und zwar Sonntags, (weil's an einem andern Tag nicht gehe), das Gefängniß zu Düsseldorf zu besuchen, und machte hinfort von dieser Erlaubniß den treulichsten Gebrauch. Gar manchen lieben Sonntag-Nachmittag, wenn ihn nicht unabweisbare Amtsgeschäfte zurückhielten, sah man ihn — im Sommer und Winter, bei Hitze und Frost, — den zwei Stunden weiten Weg von Kaiserswerth

nach Düsseldorf zurücklegen, um dort, nachdem er Mor=
gens seiner kleinen Gemeinde das Evangelium verkün=
digt, diesen damals noch so verlassenen Sträflingen eine
Bibelstunde zu halten. Einen Betsaal oder gar Kirche
fand er nicht, er predigte am 2. October 1825 zum
ersten Male den Gefangenen, an der Mittelthür zwischen
zwei Schlafstuben stehend, aus welchen erst unmittelbar
vorher die Strohsäcke weggeräumt worden waren; es
war ja überhaupt für die Seelsorge in den Gefäng=
nissen damals so gut wie gar nichts geschehen. Allein
Fliedners Eifer kannte keine Hemmnisse, wo es galt,
ein Werk der erbarmenden und rettenden Christenliebe
in's Dasein zu rufen, und bald schon durfte er sehen,
wie es auch von seinem Werke heißen sollte:

Dein Senfkorn arm und klein
Wächst endlich ohne Schein
Doch zum Baume,
Weil du, HErr Christ,
Sein Hüter bist,
Dem es von Gott vertrauet ist!

Auch für Fliedner nämlich knüpfte sich an die
Thätigkeit für das Seelenheil der Gefangenen die
Sorge für ihr äußeres Fortkommen, namentlich bei ihrer
Entlassung aus dem Gefängniß, und als er einst für eine
Entlassene, welche bessere Eindrücke empfangen zu haben
schien, nirgends ein passendes Unterkommen finden konnte
und einsah, daß er sie den größten sittlichen Gefahren
preisgebe, wenn er sie ihres Weges gehen ließe, ent=
schloß er sich kurzum, dieselbe bei sich aufzunehmen.
Aber das hatte seine besonderen Schwierigkeiten. Das
kleine Pfarrhaus bot dazu keinen Raum; der Aufent=
halt in einem andern Hause erschwerte die so nöthige
Aufsicht; so entschloß sich Fliedner kurz und gut,
sein kleines Gartenhäuschen zur Wohnung für die
Entlassene herzurichten; am 17. September 1833 ward
das Mädchen aufgenommen; es hatte in dem Häuschen
und Garten seine Arbeit und mußte Abends auf dem

kleinen Söller seine Schlafstelle mittelst einer Leiter suchen, die zur größeren Sicherheit dann jedesmal weggezogen und Morgens wieder aufgestellt wurde, und so entstand das wahrscheinlich erste „Asyl für entlassene Sträflinge", das auf deutschem Boden gegründet wurde, — ohne einen andern Gründungsfonds und Unterhalt als die Barmherzigkeit Gottes und den Glauben seines Stifters. Es wurde allmählig nöthig, als sich die Zahl der Pfleglinge mehrte, eine besondere Aufseherin über dieselben, die erste Diaconissin zu berufen, und dadurch wurde der Grund zu der hernachmals so weltberühmt gewordenen Diaconissenanstalt mit allen ihren Zweig- und Nebenanstalten gelegt. Möge es doch die christliche Liebe nie vergessen, — denn in dem Werden der Werke Gottes liegen wichtige Fingerzeige seiner erziehenden Weisheit —, daß die Pflege der Elendesten in unserem Volke, die Gefangenenpflege, es gewesen ist, aus welcher jener tausendfältige Reichthum von weiblicher Liebesarbeit hervorgewachsen ist! Im Reiche Gottes schießen gewöhnlich die Wurzeln eines neuen Lebens aus dürrem Erdreich hervor, damit die Menschen um so aufrichtiger bekennen: „das ist vom HErrn geschehen und ein Wunder vor unsern Augen!"

Schon bald aber, als die Arbeit dem treuen Fliedner unter den Händen wuchs, überzeugte er sich, daß er allein unter ihrer Last erliegen müsse; und wenn er sich schon früher in dem Kreise seiner christlichen Freunde in Düsseldorf Rath und Hülfe geholt, so beschloß er nun, die ganze Thätigkeit zum Heile der Gefangenen in die Hände einer wohl organisirten Gesellschaft niederzulegen. Etwa für die Stadt Düsseldorf nur? oder für den schon damals dicht bevölkerten und jetzt 1 1/2 Millionen Einwohner zählenden Regierungsbezirk gleiches Namens und seine Gefängnisse? — Eines Fliedners rastloser und umfassender Geist konnte dabei natürlich nicht stehen bleiben. Die Gesellschaft mußte die beiden ohnehin durch viele Bande eng verknüpften Provinzen **Rheinland und Westfalen** umfassen; zu Mitgliedern wurden nicht allein die einfachen Christenleute aus allerlei Ständen, sondern auch Gerichts= und Oberpräsidenten, Mitglieder der Consistorien und Regierungen, ja sogar Erzbischöfe und Professoren der katholischen Theologie berufen, um alle Vertreter öffentlicher Interessen in die gemeinsame Thätigkeit für das Heil der Gefangenen hinein zu ziehen und durch sie wiederum die weitesten Kreise für dieselbe zu öffnen. Und es ist zum Erstaunen, wie schnell sich dem jugendlichen Stürmer, der damals kaum 25 Jahre zählte, alle Thore öffneten. Es durchzog freilich in jenen Jahren, als man von dem langen Druck der französischen Fremdherrschaft endlich aufzuathmen wagte und die äußere Noth, die der Krieg mit sich geführt, im Wesentlichen gehoben war, ein wahrhaft jugendlicher Geist das deutsche Volk, und auf dem blutgedüngten Acker unsers geliebten Vaterlandes fand namentlich auch die Aussaat des christlichen Glaubens= und Liebesgeistes eine willige, viel verheißende Aufnahme. Es war die segensreiche Zeit, da die Missionsvereine, Rettungsanstalten, Bibelvereine, Christenthumsgesellschaften u. s. f. wie Frühlingsblüthen nach den Winterstürmen hervorgrünten. Allein wer die Protokolle der „**Rheinisch=Westfälischen Gefängnißgesellschaft**" — denn so nannte sich der Verein — aus damaliger Zeit liest und sich vergegenwärtigt, daß der **eine** Mann, der sich bescheidentlich als „Secretär der Gesellschaft" unterzeichnet, die Seele derselben war, der wird gleichwohl den Eindruck bekommen, daß hier ein besonderer göttlicher Segen waltete, der nicht allein dem so seltenen Eifer des Stifters, sondern noch vielmehr dem großen Elende galt, das er zu bewältigen suchte. Der Ruf: „**den Gefangenen eine Erledigung**", machte die Herzen zum Eintritt in die Gesellschaft willig. Man erkannte, daß

an diesen Unglücklichen in der That die ganze Chri=
stenheit noch eine große Aufgabe zu lösen habe; und
so waren denn bald die Zweigvereine an allen bedeu=
tenden Orten, namentlich wo Gefängnisse oder Zucht=
häuser sich befanden, organisirt, die Statuten entworfen
und für Fliedners Thatendrang und Liebeseifer ein
großes Feld der Wirksamkeit, das für Jahrzehnde und
Jahrhunderte Arbeit genug verhieß, erschlossen.

Das Wort eines schwachen Weibes hatte in wenig
Jahren eine segensreiche Frucht getragen. Deutsche
Treue und Hingebung unternahm die durchhaltige Aus=
führung des vom britischen Boden herübergebrachten
Gedankens. Zu Elisabeth Fry und Theodor
Fliedner blickt die Rheinisch=Westfälische Gefängniß=
Gesellschaft als zu ihren gottgesegneten Stiftern empor,
in deren Geist sie stets wird wirken müssen, wenn sie
sich selbst nicht untreu werden will; und so lange das
Evangelium in unsern Gefängnissen verkündigt, die Ge=
fangenen in Christenliebe gepflegt werden, wird es nicht
vergessen sein, wie viel unser armes gefangenes Volk
jenem theuern Doppelgestirn verdankt.

―――――――

Laß vor dich kommen das Seufzen der Gefangenen! Pf. 79, 11.

Um die außerordentliche Begeisterung und That=
kraft, welche Fliedner der Gefängniß=Sache zuwandte,
nach ihrem geschichtlichen Entstehen zu begreifen, müssen
wir ihn auf seinen Wanderungen in's Düsseldorfer und
andere Gefängnisse der damaligen drei rheinisch=west=
fälischen Provinzen des preußischen Staates begleiten
und mit ihm einen Blick in die Zustände dieser Anstal=
ten werfen.

Es sah überall in diesen Gefängnissen noch sehr traurig aus. Zwar waren die großartigen Bestrebun= gen zur Verbesserung des Gefängnißwesens, wie sie in England durch John Howard, in Amerika durch die Quäker zu Philadelphia (1776) und deren Gegner zu New=York, und später auch in Irland und Holland angeregt waren, nicht ganz spurlos an unserm deutschen Vaterlande vorübergegangen. Der Ruf, der aus jenen Ländern an alle Menschenfreunde erging, sich des äußern und innern Elends der Gefan= genen zu erbarmen, auf ihre religiös=sittliche Besserung hinzuwirken und zu diesem Ende sowohl die Gefängniß= Einrichtungen umzugestalten, als auch der entlassenen Sträflinge sich anzunehmen, um sie vor den Gefahren des Rückfalls zu bewahren, — dieser Ruf fand bei manchen ernst gesinnten Zeitgenossen auch in unserm Vaterlande einen lebhaften Wiederhall, und die Preu= ßischen Staatsbehörden, an deren Spitze damals so manche gefeierte Namen der Freiheitskriege standen, arbeiteten bereits auf eine Besserung der Gefängniß= Zustände hin. „Die Reinlichkeit, Ordnung und Auf= sicht — heißt es in einem Berichte aus jener Zeit — hat bedeutend zu=, die Aufeinanderhäufung der Gefan= genen abgenommen, auch ist für ihre Beschäftigung durch Errichtung von Arbeitsanstalten besser ge= sorgt worden." —

Aber nach demselben und ähnlichen Berichten blie= ben auch noch sehr viele und schwer wiegende Klagen zu erheben. Noch war in den meisten Gefangenanstal= ten, namentlich in den Arresthäusern, ein großer Theil der Gefangenen unbeschäftigt, und zwar nicht blos von den Untersuchungs=Gefangenen, welche man, so lange ihre Schuld nicht richterlich entschieden war, nicht gegen ihren Willen zur Arbeit anhalten mochte, sondern selbst von den Straf=Gefangenen; theils weil die Arbeitsanstalten noch nicht ausgedehnt

genug waren, theils weil viele Gefangene keine der
darin geübten Handwerke verstanden und zu kurze Zeit
im Gefängnisse blieben, als daß sie eins derselben hätten erlernen können. Für die geistige Beschäftigung
dieser Arbeitslosen sowie der Arbeitenden in ihren freien
Stunden und Tagen geschah aber mit wenigen Aus-
nahmen nirgends das Geringste, indem weder die
heilige Schrift noch andere nützliche Bücher ihnen gegeben wurden. Ebenso wenig wurde den im Lesen ganz
Unwissenden Gelegenheit geboten, dieses Element aller
Bildung zu erlernen; und doch war die Zahl dieser
Unwissenden so groß, daß nach einer genauen Aufnahme
z. B. im Düsseldorfer Gefängnisse von 220 Gefangenen 90 nicht lesen und 150 nicht schreiben und
rechnen, im Clever Arresthause von 152 Gefangenen
80 nicht lesen und 120 nicht schreiben und rechnen, in
Wesel von 140 Sträflingen 60 nicht lesen und 85
nicht schreiben und rechnen konnten. Ja, in der Arbeitsanstalt zu Brauweiler bei Cöln befanden sich unter
516 Ankömmlingen nur 81, welche des Lesens erfahren
waren!

Und wie sah es mit dem Gottesdienst und dem
Religions-Unterricht in den Gefängnissen aus? In
manchen Gefängnissen fand überhaupt gar kein solcher
statt; in anderen bestand er blos darin, daß den Katholiken alle 8 oder 14 Tage eine Messe, den Evangelischen eine Predigt durch die Ortsgeistlichen gehalten
wurde, oder auch daß den Katholiken, Protestanten und
Israeliten zusammen (wie es z. B. in W. geschah) alle
4 bis 5 Wochen eine gemeinschaftliche Predigt
gehalten wurde!

Während es aber mit den wohlthätigen Einwirkungen auf die Gefangenen so mißlich bestellt war,
gab es viele Uebelstände in den Gefängnissen, welche
auf den religiösen und sittlichen Zustand der Gefangenen (vielfach auch auf ihr körperliches Befinden) den

allernachtheiligsten Einfluß ausüben mußten. Statt den zur Haft gebrachten Uebertreter der Einsamkeit zu über= geben, damit seine Verurtheilung und das wohlverdiente Loos der Gefangenschaft ihn zur Besinnung und Reue führen möchten, wurde er mit 10, 20, ja wohl 50 Menschen auf einem Zimmer eingeschlossen. „Die der schwersten Schandthaten Angeklagten", — so ruft ein Berichterstatter aus —, „die wegen wiederholter Frevel ergriffenen Verbrecher, der gegen Ehre und Schande längst gleichgültige Auswurf des Volks, die Bettler, Landstreicher, Gauner und Diebe sind hier untermischt mit dem unbedachtsamen, übrigens unbescholtenen Manne, dem leichtsinnigen, durch Leidenschaft hingerissenen Jüng= linge, ja, selbst mit dem Kinde, das irgend ein sinn= liches Gelüste ausführte. Wochen, Monate lang, je nachdem die Untersuchung Zeit erfordert, weilt hier der Gefangene Tag an Tag o h n e a l l e B e s c h ä f t i g u n g; die Nächte von Abends 5 bis Morgens 7 Uhr in den Schlaferkern eingeschlossen, völlig 14 Stunden o h n e L i c h t, je 2 und 2 auf einem Lager! Entweder tödtet die Langeweile Geist und Gefühl gänzlich, und sie sin= ken auf diese Weise zum Thier hinab, oder sie suchen des Nachts in Gebilden verdorbener Einbildungskraft, oft sogar in unnatürlichen Sünden, bei Tage im gegen= seitigen Erzählen Hülfe gegen jenen quälenden Feind. Die Vielerfahrensten und Ausgelerntesten im Bösen rüh= men sich ihrer Ränke und schlechten Thaten. Je em= pfindlicher sie ihren Nächsten verletzt und ihm geschadet, je üppiger sie den ruchlosen Gewinn verpraßt, je frecher sie die Obrigkeit überlistet und betrogen, je rauschender tönt ihnen Beifall. Lästerung Gottes und der Obrig= keit, Spott gegen Tugend und Religion, Flüche und Zoten sind die gewöhnliche Unterhaltung."

„Durch dies beständige Anhören des Unmoralischen verliert selbst der Bessere allmählig die Scheu vor dem Schlechten, gibt sich, abgerissen von aller andern Geistes=

nahrung und Beschäftigung, den bösen Lehren der
Schlechteren hin und wird systematisch zum Laster erzogen. Als Leichtsinniger eingesperrt, wird er als Böse-
wicht entlassen. Lehrling der Schurkerei und des Gau-
nerhandwerks beim Eintritt zur Haft, verläßt er als
vollendeter Meister den Kerker.. Hier im Gefängniß
findet der Stehler den Hehler, der Betrüger den falschen Zeugen, — sie verabreden die Pläne zu neuen
Verbrechen und treten in Freiheit, um sicherer und in
größerem Umfange zu schaden."

„Die giftigen Früchte dieses Zusammenlebens zeigen sich schon im Gefängnisse durch unaufhörlichen Zank
und Meuterei, durch gegenseitiges Betrügen und Be-
stehlen, Faulheit und Veruntreuung bei der Arbeit.
Wie verderblich aber der Gefängnißaufenthalt auf das
ganze Leben wirkt, beweist die furchtbare Thatsache, daß
von den einmal im Gefängniß Gewesenen zwei Dritt-
theile wegen neuer Vergehen wieder zur Haft kommen
und von Jahr zu Jahr die Zahl der Sträflinge
sich mehrt."

Die Erfahrungen, welche Fliedner und seine
Freunde in den Gefängnissen der genannten Provinzen
machten, entsprachen nur zu sehr der eben angeführten
Schilderung. Der schneidende Hohn, mit welchem derartige Gefängnisse der gemeinsamen Haft die „Casino's
der Verbrecher" und die „Hochschulen aller Laster" genannt worden sind, fand nur zu sehr auf die
damaligen Strafanstalten seine Anwendung. Und wie
groß war die Anzahl der Gefangenen, die unter so verderblichen Einflüssen standen! Allein in der damaligen
Provinz Jülich=Cleve=Berg, welche etwa eine
Million Einwohner zählte, wurden in den dortigen
Gefängnissen im Jahre 1826: 6220 Gefangene gezählt, nämlich für das Düsseldorfer Arresthaus: 1200,
für das Clever: 950, für das Weseler: 200, für das
Zuchthaus zu Werden: 750, für das Cölner Arrest=

2

haus: 1700, als Festungssträflinge daselbst: 360, in der Strafarbeitsanstalt zu Brauweiler: 1000, im Bonner Arresthaus: 60, Summa: 6220 Gefangene! Wie viel größer aber mußte das Arbeitsfeld erscheinen, wenn man sich vergegenwärtigte, daß die Wirksamkeit eines Gefängniß=Vereins nicht allein diese, sondern auch die beiden andern preußischen Provinzen umfassen sollte, und daß jene Zahlen nicht etwa das Verhältniß zwischen der Zahl der Gesetzes=Uebertreter und der Gesammtbevölkerung (6220 zu einer Million oder 1 : 160), sondern nur die Zahl derjenigen, die gerade innerhalb eines Jahres die Gefängnisse bevölkern, darstellen und daß namentlich alle die kurzzeitigen Gefangenen in den vielen kleinen Ortsgefängnissen in jene Zahl noch gar nicht eingerechnet sind, so daß die Gesammtzahl — von den nicht verurtheilten Verbrechern ganz abgesehen — noch viel bedeutender sich herausstellen würde!

Das Arbeitsfeld war groß genug; die zu überwindenden Hindernisse außerordentlich schwer; die Noth, welche Fliedner überall erblickte, hat ihm gewiß oft das Gebet des 79. Psalms auf die Lippen gelegt: „HErr, laß vor dich kommen das Seufzen der Gefangenen!" Aber der HErr, der ihm ein Herz und Auge für diese Noth gegeben hatte, zeigte ihm auch Mittel und Wege, wie er derselben, obwohl er nur ein schlichter Pfarrer in einem kleinen, von dem Verkehr der Welt entlegenen Städtchen war, Abhülfe bringen könne; und es verlohnt sich wohl der Mühe, zu sehen, welche Fingerzeige der HErr ihm zu dem Ende gab und wie Fliedner dieselben befolgte.

Der 18. Juni 1826.

Fliedner's thatkräftiger Geist konnte, wie wir sehen, dem Elende in den Gefängnissen, nachdem er's

einmal mit klarem Blick erkannt, nicht lange müßig
zusehen. Er wartete nicht, bis Andere das heiße Eisen
anfassen würden, sondern nahm es selbst in die Hand,
und da er die Erlaubniß der Regierung, das Düssel=
dorfer Gefängniß zu besuchen, sich erwirkt hatte, so
konnte ihn weder sein damals schon durch Brustleiden
erschütterter Gesundheitszustand, noch auch die Rohheit
der Gefangenen und die verderbte Gefängnißluft, noch
die Beschwerlichkeit des weiten Weges davon zurückhal=
ten, den Gefangenen das Evangelium von Christo zu
verkündigen.

Er erkannte aber bald, daß seine Wirksamkeit ohne
den rechten Segen bleiben müsse, so lange die uner=
träglichen Zustände innerhalb der Gefängnisse fortdauer=
ten, daß er aber zur Beseitigung dieser Zustände, zur
Anbahnung einer Verbesserung auch der übrigen Straf=
anstalten der Provinzen und namentlich zur Pflege der
Entlassenen der ausgebreitetsten Verbindungen mit wohl=
denkenden Männern aus allen Ständen bedürfe, und
daß nur durch Zusammenfassung aller Mitwirkenden zu
einer größern G e s e l l s c h a f t Nachhaltiges geleistet wer=
den könne. So stand denn bald sein Entschluß fest,
nach dem Vorbilde der Holländer, Engländer und Ameri=
kaner eine solche „G e f ä n g n i ß = G e s e l l s c h a f t f ü r
R h e i n l a n d = W e s t f a l e n" mit Gottes Hülfe in's
Leben zu rufen.

Die rechten Mitarbeiter bei diesem großen Werke
hatte F l i e d n e r bald gefunden. Die königlichen Pro=
curatoren W i n g e n d e r, S a c k und H o f f m a n n, der
bekannte Consistorialrath K o r t ü m und der Kaufmann
P. G ö r i n g zu Düsseldorf waren die Ersten, welche
sich bereit finden ließen, auf die Pläne des liebeglühen=
den Mannes einzugehen; die Procuratoren namentlich
durch ihre eingehende Kenntniß des preußischen Gefäng=
nißwesens, K o r t ü m durch seine Belesenheit in der
Gefängniß=Literatur, G ö r i n g durch seine Verbindungen

2*

in Holland, seine kaufmännischen Erfahrungen und seine
Opferwilligkeit für die große Sache besonders geeignet.
Die Stelle eines Präsidenten ließen diese nahe=
verbundenen Männer vor der Hand noch unbesetzt und
übertrugen den Vorsitz dem erstgenannten Procurator,
das Amt eines Schatzmeisters dem Kaufmann Göring,
während die übrigen Mitglieder, auch Fliedner selbst,
sich einfach Secretäre nannten. Es war im Früh=
jahr des Jahres 1826, als ihre vorläufigen Zusammen=
künfte begannen, und am achtzehnten Juni dessel=
ben Jahres (also an dem unvergeßlichen und damals
noch hochgefeierten Jahrestage des Sieges bei Belle=
Alliance, sowie weiter zurückreichend des Sieges bei
Fehrbellin, welchen Tag die Gefängniß=Gesellschaft
deshalb auch als ihren Stiftungstag betrachten muß),
traten sie zur ersten förmlichen Sitzung zusammen,
in welcher sie die Grundgesetze und den Plan der
Wirksamkeit der Rheinisch = Westfälischen
Gefängnißgesellschaft feststellten und unterzeich=
neten.

Wir können diese Aktenstücke hier natürlich nicht
vollständig mittheilen, doch werden wir die wesentlich=
sten Bestimmungen hervorheben müssen, um die An=
schauungen anzudeuten, von welchen die Stifter der
Gesellschaft ausgingen.

Sie nennen dieselbe (§. 1.) eine „Gesellschaft für
Verbesserung der Gefangen = Anstalten in den
Rheinisch=Westfälischen Provinzen Preußens"; als ihr
Zweck wird (§. 2.) „eine mit den Staatsgesetzen über=
einstimmende Beförderung der sittlichen Bes=
serung der Gefangenen, durch Beseitigung nach=
theiliger und Vermehrung wohlthätiger Einwirkungen
auf dieselben, sowohl während der Haft als nach
der Entlassung" bezeichnet. — Zu dem Ende werde
die Gesellschaft nach Rücksprache mit den geistlichen und
Schulbehörden unter höherer Bestätigung eigene Haus=

geistliche für jede christliche Confession, des=
gleichen Lehrer für den Elementar=Unterricht
erwählen, anstellen, besolden und unter Aufsicht halten.
(§. 3.) — Sie werde ferner die Classification der
Gefangenen befördern; hierdurch, sowie durch Dar=
reichung der heiligen Schrift und anderer nützlicher
religiöser Bücher eine wohlthätige Bildung und
geistige Beschäftigung veranlassen, und zur Be=
förderung der leiblichen Beschäftigung während
der Haft, wo es nöthig, hülfreiche Hand leisten. (§. 4.—
6.) — Den Entlassenen werde sie die Quellen ehr=
lichen Erwerbes zu eröffnen und sie in angemessene
Verhältnisse zu bringen suchen, um hierdurch, sowie
durch Aufsicht christlich gesinnter Menschen den Rück=
fällen zu neuen Vergehen möglichst vorzubeugen. (§. 7.)
Um die gedachten Zwecke zu verfolgen, solle von der
jährlich zu berufenden Generalversammlung aller
stimmberechtigten Mitglieder ein Ausschuß erwählt
werden, der seinen Sitz zu Düsseldorf habe und die
Oberleitung der Gesellschaft übernehme. An allen Or=
ten, wo sich Gefängnisse befinden, sollten Tochter=
gesellschaften in's Leben gerufen werden, welche die
Erreichung der Zwecke der Gesellschaft, namentlich in
den betreffenden Ortsgefängnissen, anstreben, und außer=
dem sollten sich in allen Orten Hülfsvereine bilden,
welche zunächst mit den Tochtergesellschaften ihres Ge=
richtsbezirks und durch diese mit dem Gesammt=Ausschuß
in gliedliche Gemeinschaft treten und die Aufgabe haben
sollten, durch milde Beiträge und die Pflege der Ent=
lassenen sich an dem Wirken der Gesellschaft zu betheili=
ligen.

In dem „Plan der Wirksamkeit" wird dann noch
ausführlich die vierfache Thätigkeit, welche die Gesell=
schaft zur Verbesserung der Gefangenanstalten verfol=
gen will: 1) der Unterricht im Christenthum; 2)
der Unterricht in den ersten Schulkenntnissen) 3) die

Classification und 4) die zweckmäßige Beschäftigung näher dargelegt.

Es sei, um den erstgedachten Zweck zu erreichen,
nicht genug, daß alle 8 bis 14 Tage Messe gelesen
oder geprebigt werde, sondern ein eigens hiezu ange-
stellter Geistlicher müsse mit der ganzen Liebe und dem
ganzen Ernste seines Berufes die Gefangenen täglich
unterweisen; durch seinen täglichen freundlichen Umgang und sein Beispiel ihre Achtung, Liebe und ihr
Vertrauen erwerben, und durch tägliche Uebung in ihren
höheren Pflichten sie an religiöse und sittliche Gesinnung gewöhnen. Zu dem Ende müsse der Hausgeistliche am Anfange und am Schluß jedes Tages mit den
Gefangenen Hausandacht halten; am Tage den Jüngeren und nach Bedürfniß auch den Erwachsenen Religions-Unterricht ertheilen, an Sonn- und Feiertagen Morgens Gottesdienst mit Predigt, Nachmittags mit Katechisation halten und überhaupt das
Seelsorgeramt in seinem ausgedehntesten Sinne ver-
walten. Die Theilnahme des Geistlichen an den Versammlungen der betreffenden Tochtergesellschaft, deren
Glieder Zeugen der Wirksamkeit des Seelsorgers seien,
sowie die Verbindung mit der Hauptgesellschaft werde
die Treue, Lebendigkeit und Freude an seiner schwierigen Amtsführung sichern und erhöhen.

Um der großen Unwissenheit in den ersten Schulkenntnissen und dem verderblichen Einfluß derselben zu
begegnen, werde die Gesellschaft in jedem Gefängniß
einen oder mehrere Lehrer anstellen, wo es Noth thue,
auch Lehrerinnen, und den Unterricht sowohl für
die religiöse Unterweisung als auch für das bürgerliche
Leben ergiebig zu machen suchen.

Hinsichtlich der Classification werde die Gesellschaft darauf hinstreben, eine größtmögliche Einsam-
haltung der Untersuchungs-Gefangenen, ihre
gänzliche Trennung von den Verurtheilten, die Ein-

theilung Aller nicht bloß nach Geschlecht, sondern auch nach Alter und Vergehen herbeizuführen.

Die geistige Beschäftigung der Gefangenen müsse durch Verabreichung heiliger Schriften nach den Uebersetzungen beider Confessionen sowie anderer nütz-licher religiöser Schriften gefördert werden; und wo es nöthig sei, da werde die Gesellschaft den Behörden auch bei der Beschaffung der leiblichen Beschäftigung nach Kräften an die Hand gehen.

Endlich werde sich die Gesellschaft der Entlas-senen annehmen, indem sie ihre Beaufsichtigung an ihren Bestimmungsorten geeigneten Menschenfreunden überweise, welche in Verbindung mit den Bürgermei-stern und Pfarrern sie in Arbeit unterzubringen und in sittlichen Nöthen ihnen beizustehen haben.

Ueberhaupt werde der Gesellschaft nichts fremd sein, was das geistige und leibliche Wohl der Ge-fangenen betreffe, und sie werde sich stets zur Pflicht machen, mit strengster Beachtung der Gesetze des Staa-tes, auf allen Punkten thätig einzuwirken, wo Religion, Gerechtigkeit und Menschenliebe sie auffordern würden.

So waren denn die Grundzüge der zukünftigen Wirksamkeit der Gesellschaft hiermit gezeichnet, — ein auf reiflicher Ueberlegung und vieler Sachkenntniß be-ruhender Plan. Freilich lag der Keim zu manchem später hervorgetretenen Bedenken schon in diesen Grund-zügen. Die Schwierigkeit, eine aus beiden christlichen Confessionen zusammengesetzte Gesellschaft auf die Dauer lebensfähig zu erhalten, und das Wagniß, die Gefan-genpflege gerade in ihren wichtigsten Beziehungen zum Gegenstand der Arbeit eines frei wirkenden Ver-eins zu machen, der nur die Genehmigung der höheren staatlichen und kirchlichen Behörden nachzusuchen hatte, treten wohl als die vorzüglichsten dieser Bedenken jedem Sachkundigen von vornherein entgegen. Allein der ver-söhnliche Geist, der gerade damals in Folge des hohen

Aufschwungs der Freiheitskriege die beiden Confessionen einander näher führte, und andrerseits die mächtige, auf christliches Handeln gerichtete religiöse Bewegung, welche damals Volk und Regierung beherrschte und dem Staate wie der Kirche so manches Zugeständniß an die freie Liebesthätigkeit abnöthigte, ließen die angedeuteten Gefahren geringer erscheinen als wir sie in unseren Tagen ansehen würden. Die ganze Zeit trug den Character größerer Unbefangenheit und Frische. Man war wenig um die Formen bekümmert, wenn nur der Geist wehete und wirkte und dem Drange nach Auferbauung des Reiches Gottes in dem schwer geprüften, aber herrlich bewährten Vaterlande Rechnung getragen wurde. Und der reiche Segen, welchen der HErr auf die Thätigkeit der Gesellschaft bis zu dieser Stunde gelegt, ist der beste Beweis dafür, daß sich die hochherzigen Stifter derselben wenigstens in der großen Hauptsache nicht getäuscht haben. Es war das herzliche Erbarmen mit den armen Gefangenen, das sie erfüllte, — der Wunsch, diesen Elendesten im Volke die Segnungen des Christenthums, die man am eigenen Herzen erfahren, zu vermitteln; und wo hätte der HErr es jemals solchem Erbarmen an Seinem Segen mangeln lassen?

Der erste Sturmlauf.

Der Grundstein zu dem unsers Wissens ersten Gefängniß-Vereine auf deutschem Boden war gelegt. Noth und Liebe waren die bescheidenen Arbeiter, die ihm die Stätte in einigen treuen Herzen bereitet hatten. Sollte aber auf diesen Stein ein Bau sich gründen, der die Stürme der Zeiten überdauern und noch den fernsten

Geschlechtern Segen bringen könnte, so mußte nicht nur der himmlische Bauherr um Seine Weihe angegangen werden, — woran es der Gebetsmann Fliedner gewiß am Wenigsten fehlen ließ, — sondern es mußte auch die Sanktion des Königs in Berlin sowie die Zustimmung seiner Minister und Räthe gewonnen werden; — und was war sonst nicht Alles erforderlich! Man mußte der guten Sache an allen Orten Gönner und Freunde werben, Geld — und zwar viel Geld herbeischaffen, um so umfassende Pläne ausführen zu können, Vereine gründen, Schriften und Aufrufe hinaus senden, Sitzungen und große Versammlungen halten, reden und schreiben, kurz, es war die ganze Thatkraft der wenigen Männer, die zu Düsseldorf ihre erste Zusammenkunft gehalten hatten, erforderlich, um ein solches Werk hinauszuführen.

Aber sie standen auch fest gewurzelt im Vertrauen und in der Liebe zu ihrer heiligen Sache, und es wird uns eine wahre Hochachtung, namentlich vor dem unermüdlichen Werkzeuge des HErrn, dem jugendlichen Pfarrer von Kaiserswerth abgenöthigt, wenn man all die Arbeit überblickt, die von ihnen gethan wurde.

Das Erste, was nach der Stiftung der Gesellschaft zu geschehen hatte, war die Einholung der Sanktion Sr. Majestät des Königs Friedrich Wilhelm III. von Preußen. Nun stand zwar keiner der Stifter in irgend welcher näheren Beziehung zum Throne, um dadurch den König der Sache geneigt zu machen. Aber der Graf Adelbert von der Recke-Volmerstein, der Stifter der nahe gelegenen ersten deutschen Rettungsanstalt zu Düsselthal, der eben damals sein gesegnetes Liebeswerk unter den verwahrlosten Kindern begonnen und dafür die Genehmigung des Königs bereitwilligst erhalten hatte, übernahm es, der so nahe verwandten Gefängniß-Gesellschaft Fürsprecher bei Sr. Majestät zu sein; und denselben Dienst erwies ihr ein

anbrer Mann, ber ebenfalls für Alles, was zum wahren
Wohle bes Volkes gereichte, ein ebenso klares Auge als
lieberfülltes Herz hatte, ber unvergeßliche Oberpräsident
ber Provinz Westfalen, v. Vincke. Derselbe hörte
kaum von bem Plane ber Gesellschaft unb ber rastlosen
Thätigkeit Fliebner's am Düsselborfer Gefängniß,
als er ben Gebanken ber Stifter mit ber lebhaftesten
Theilnahme ergriff, sofort mit ihnen in schriftlichen Ver=
kehr trat, auf seinen vielen amtlichen Reisen mit Wort
unb That für bie Gesellschaft wirkte unb burch sein
hervorragenbes Beispiel ihr bie zahlreichsten Freunbe
zuführte. Er ist ber Gesellschaft auch unwanbelbar treu
geblieben, mit ihm sein hochgefeierter Freunb, ber ba=
malige Lanbtagsmarschall ber Provinz Westfalen, ber
berühmte Minister von Stein auf Cappenberg, ber
ebenfalls von vornherein Parthei für bie Gesellschaft
nahm unb ihr seinen hohen Einfluß lieh.

Auf solche Fürsprache gestützt, burfte man es wohl
wagen, bem ohnehin für alle christlichen unb wohlthäti=
gen Bestrebungen so zugänglichen Monarchen mit ber
Bitte um Bestätigung ber Grunbgesetze zu nahen, in=
bem man gleichzeitig ben Ministern ber Justiz, bes
Innern unb ber geistlichen Angelegenheiten, sowie ben
Oberpräsibenten von Rheinlanb unb Westfalen bie Sta=
tuten zur Einsicht vorlegte. Unb wirklich erfolgte be=
reits unter'm 1. August 1826 eine Cabinetsorbre,
worin ber König auf's hulbvollste sagt:

„Der von Ihnen unb ben übrigen Theilnehmern
Mir angezeigte Plan, einen Privatverein zur Beförbe=
rung ber sittlichen Besserung ber Gefangenen zu stiften,
gereicht Mir zum besonberen Wohlgefallen. Ich habe
baher bie betreffenben Ministerien angewiesen, bas ent=
worfene Statut näher zu prüfen, unb werben Sie bem=
nächst benachrichtigt werben, ob sich babei etwas zu er=
innern gefunben habe" u. s. f.

Wer hätte es nach dieser so baldigen und so gnä=
digen Allerhöchsten Antwort erwarten sollen, daß die
Genehmigung der Grundgesetze Seitens der Behörden
noch lange würde auf sich warten lassen? Und doch
geschah es so. Die Behörden sahen natürlich in der
beabsichtigten Vereinsthätigkeit etwas sehr Außergewöhn=
liches, fürchteten namentlich Uebergriffe Seitens der Ge=
sellschaft in die dem Staate allein zustehende Beauf=
sichtigung des Gefängnißwesens, Collisionen zwischen
den vom Verein und den vom Staate angestellten Ge=
fängnißbeamten, Gefahren für den confessionellen Frie=
den unter den Gefangenen, — kurz, es schien ihnen
räthlich, erst von sämmtlichen höheren Verwaltungs=,
Justiz= und geistlichen Beamten der Provinzen eingehende
Gutachten einzufordern, und da diese wieder sehr ver=
schieden, wiewohl im Ganzen für die Gesellschaft günstig
ausfielen, so gingen nicht bloß Wochen und Monate,
sondern mehr als anderthalb Jahre darüber hin, ehe
die Genehmigung nach geringen Abänderungen erfolgte!
Welche Geduldsprobe für das thatendurstige Comité in
Düsseldorf! Wie freute man sich, als endlich der Ge=
sammtbericht gerade dem Oberpräsidenten v. Vincke
übertragen wurde und Nikolovius in Berlin die
persönliche Befürwortung bei den Ministern übernahm!
Und welch ein Festtag für die schmerzlich Harrenden,
als ihnen endlich am 29. März 1828 die Genehmigung
mitgetheilt wurde!

Doch dürfen wir nicht denken, daß in dieser langen
Geduld= und Wartezeit auch der Eifer der Stifter für
die Verfolgung ihrer guten Sache habe auf sich warten
lassen; vielmehr sahen sie — und mit vollem Rechte —
ihres Königs huldreiches Wort als volles Unterpfand
dafür an, daß ihr Plan über kurz oder lang im We=
sentlichen genehmigt werden müsse, und bereiteten alles
vor, um im gegebenen Augenblicke die Gesellschaft ge=
rüstet und geharnischt in's Leben treten zu lassen.

Mehrere tausend Exemplare der Statuten und des „Wirkungsplans" werden gedruckt und unter die Freunde nah und fern vertheilt. An allen Orten, wo sich Gefängnisse befinden, werden hervorragende Persönlichkeiten als correspondirende Mitglieder ernannt, welche die Gründung der Tochter-Gesellschaften daselbst in die Hand nehmen sollen. Alle höheren Justizbeamten, Geschworenen, Pfarrer, Landräthe und Bürgermeister, die Mitglieder der Provinzial-Landtage, überhaupt alle hervorragenden Persönlichkeiten der Provinzen werden — zum Theil unter eigenhändigen Anschreiben der Stifter — gebeten, der Gesellschaft beizutreten und ihre Interessen zu fördern. Und man glaube nicht, daß die Bitten leer verhallten! Die Nothwendigkeit einer Gefängniß-Reform lag nach den lebendigen Schilderungen des Comité's vor den Augen aller Einsichtigen so klar zu Tage und das Gelingen derselben unter der zugesagten Protektion des Königs schien so wenig zweifelhaft, daß Alle, die für höhere Ideen nicht ganz unzugänglich waren, dem Plane der Gesellschaft freudig entgegen kommen mußten. Ja, manche hochgestellte Persönlichkeiten z. B. Regierungspräsidenten meldeten sich von selbst zum Beitritt und forderten alle ihre Untergebenen zu demselben auf. Der Erzbischof von Cöln, Graf von Spiegel zum Dasenberg, unterzeichnete mit dem Bemerken: „Die theils durch Vergehen, theils auch durch begangene Verbrechen sittlich Gesunkenen wieder aufzurichten, sie mit der bürgerlichen Gesellschaft wieder auszusöhnen und der Wiederaufnahme würdig zu machen, ist ein unbegrenzt wichtiges, erhaben christliches Werk, dem Gottes Beistand wird verliehen werden. Erfolgt auf den Grund glücklicher Erfahrung die Ausdehnung des Unternehmens auf die hiesigen Gefängnisse, so halte ich meine Theilnahme für Pflicht", und forderte später alle Dechanten und Pfarrer seines Sprengels zum Beitritt auf. Ein Gleiches that der Generalsuperintendent

Roß, sowie die Bischöfe von Münster, Trier und Aachen. Ja, selbst von fernher erhielt die Gesellschaft Grüße und Segenswünsche, nachdem deren Grundgesetze auch auf buchhändlerischem Wege Verbreitung im weiteren Deutschland gefunden.

So schrieb der Landrath Schmaling zu Quedlinburg, daß er schon im Januar 1818 eine Eingabe ähnlichen Inhalts an den König gerichtet und dessen Dank empfangen habe; jetzt freue er sich, seine Gedanken der Verwirklichung näher zu sehen. Der Oberbürgermeister von Magdeburg erbittet sich die Statuten, um dort Aehnliches in's Leben zu rufen. Der Polizeirath Merker in Berlin, der die Zeitschrift: „Beiträge zur Erleichterung des Gelingens der praktischen Polizei" herausgab, hat ebenfalls schon längere Zeit sich mit dem Gedanken an die Gründung solch eines Vereines getragen. Der Major von Rubloff im Kriegsministerium zu Berlin spricht seine wärmste Theilnahme aus. Dr. Julius, der berühmte Berliner Literat, welcher eben damals die Gefängnisse Großbritanniens und Irlands bereist und in Berlin 12 Vorlesungen über das Gefängnißwesen gehalten, welche mit größter Aufmerksamkeit aufgenommen wurden, tritt mit der Gesellschaft in Correspondenz. Die holländische Gesellschaft für sittliche Besserung der Strafgefangenen sendet ihren Schwestergruß und will nähere Beziehungen anknüpfen. Der Oberlandesgerichtspräsident von Schlegtendahl zu Paderborn tritt ebenfalls mit dem Bemerken bei, daß er schon im Jahre 1804 dem damaligen Großkanzler von Goldbeck einen Plan zur Gefängniß-Reform vorgelegt habe, der auch gebilligt, aber durch die Napoleonischen Kriege wieder in den Hintergrund gedrängt sei. Auch ein Quäker K. aus Pforzheim meldet sich mit einem Jahresbeitrag von 5 Thalern zum Mitgliede an. Die versammelten Mitglieder des Provinziallandtages zu Düssel-

dorf nehmen mit dem lebhaftesten Beifall die Mitthei=
lung von der Gründung der Gesellschaft entgegen und
sagen ihre Mitwirkung zur Erreichung ihrer Zwecke zu;
— kurz, die Theilnahme für das Beginnen der Gesell=
schaft war allgemein und es ließ sich Alles auf das
Vortrefflichste an!

Auch die Geldspenden flossen dem Comité schon
reichlich zu. Nach dem Statut wurde jede noch so ge=
ringe Gabe dankbar angenommen; die Zeichnung eines
Thalers als jährlicher Beitrag erwarb die volle Mit=
gliedschaft; durch die Unterzeichnung von 5 Thalern
wurde das Mitglied in's weitere Direktorium, durch ein
Geschenk von 50 Thalern als lebenslänglicher Direktor
aufgenommen. Es war daher die Aufgabe aller näheren
und entfernteren Freunde der Sache, schon jetzt der=
artige Beiträge zu geben und zu sammeln, und es
fehlte nicht an solchen Freunden. v. Vincke trat mit
50 Thalern bei, v. Stein, Fürst Salm=Dyck und
Fürst Salm=Horstmann mit je 30 Thalern u. s. f.
Aus den größeren Orten wurden bald 93 Thlr. (wie
von Barmen), 196 Thlr. (wie von Düsseldorf), aus
den kleineren, wie Cronenberg 20 Thlr., Wülf=
rath 46 Thlr., vom landräthlichen Kreise Neuß
107 Thlr., Geldern 85 Thlr. übersandt, und auch
manche öffentliche Kassen steuerten ihre Beiträge, z. B.
die Armen=Verwaltung von Elberfeld 50 Thlr., die
reformirte Gemeinde zu Wülfrath 6 Thlr., zu Haan
12 Thlr. u. dgl,, so daß die Kasse schon bald hin=
reichende Mittel besaß, um mit der Anstellung der
Geistlichen und Lehrer vorgehen zu können.

So wurden denn auch gleich in dieser Wartezeit
schon manche Tochtergesellschaften und Hülfs=
vereine in's Leben gerufen. An manchen Orten, wie
in Elberfeld, war die Ungeduld so groß, daß man,
ohne das Comité um seine Mitwirkung anzugehen, so=
fort den Verein gründete; an andern Orten, wie z. B.

in Barmen, wurde eine große Versammlung aller
Notablen, Geistlichen u. s. f. auf dem Rathhause veranlaßt, vor welcher dann Fliedner seine Sache vor-
trug und so die Gründung eines Vereins anbahnte.
Meist waren es die Landräthe und Bürgermeister,
welche in Gemeinschaft mit den Pfarrern sich an die
Spitze der Vereine stellten. Auch Damen-Vereine
zum Besuch der Weibergefängnisse und Pflege der Entlassenen traten in Düsseldorf unter dem Vorsitz der
Landgerichtspräsidentin v. Voß, in Elberfeld und
Barmen unter demjenigen der Frau P. de Weerth,
sowie der Pastorinnen Snethlage und Leipoldt
zusammen; und in Cleve ging der Fürst Carl zur
Lippe nebst seiner Gemahlin mit dem schönen Vorbilde persönlichen Besuchs und passender Beschäftigung
der Gefangenen voran. Ja, es gab bald ganze land-
räthliche Kreise, in welchen jede Gemeinde einen Hülfsverein oder doch beitragende Mitglieder zählte, und die
Statuten mußten mehrmals neu aufgelegt werden, um
der stets steigenden Nachfrage zu entsprechen.

Noch andere Bahnen der Wirksamkeit betritt das
rührige Comité, welches sich inzwischen durch Hinzu-
ziehung noch einiger Mitglieder und namentlich durch
Erwählung des Grafen Spee zum Präsidenten ver-
stärkt hatte, in manchen Monaten 4 und mehr Sitzungen
hielt und besoldete Secretäre anstellte, um seine Ge-
schäfte nur abwickeln zu können. Es ersucht die Regierung, schon jetzt im Zuchthause zu Werden die
nöthigen baulichen Veränderungen vorzunehmen, um
dann die so wichtige Classifikation der Sträflinge be-
werkstelligen, den Geistlichen und Lehrern im Zuchthause die erforderlichen Dienstwohnungen, für Gottesdienst und Unterricht die geeigneten Lokale anweisen zu
können, und die Regierung kommt diesem Wunsche nach
Anhörung der in Werden bereits gegründeten Tochtergesellschaft sehr freundlich nach. Die Professoren

Tholuck in Halle und Strauß in Berlin werden ersucht, nach tüchtigen Geistlichen zu suchen, und dieselben sagen freudig ihre Mitwirkung zu. In Holland werden Erkundigungen nach den Verbrecher- und Armen-Colonieen eingezogen, um die damit gemachten Erfahrungen auf deutschem Gebiete zu verwerthen. In ähnlicher Absicht wird die damals Aufsehen erregende Naugarter Gefängnißordnung studirt. Mit den Ministerien und Herrn von Nagler werden Verhandlungen wegen Erlangung der Portofreiheit gepflogen, welche auch zu einem günstigen Ziele gelangen, so daß die Gesellschaft noch heute diese Freiheit im ganzen preußischen Staate genießt.

Was aber ohne Zweifel für die junge Gesellschaft das Heilbringendste war: sie setzte rüstig ihre Thätigkeit in dem zunächst liegenden Düsseldorfer Gefängniß fort. Fliedner diente den evangelischen, ein Caplan den katholischen Gefangenen; die Synagogen-Aeltesten ersuchte man, den Juden wenigstens an ihren Feiertagen Gottesdienst zu halten. Ein Untersuchungs-Gefangener übernimmt den Lese-Unterricht bei den Gefangenen; ein Lehrer der Stadt fungirt als Vorsänger bei den Gottesdiensten. Man ersucht die Cölner Bibelgesellschaft um Bibeln für die Gefangenen, namentlich auch um Alte und Neue Testamente in hebräischer Sprache für die Juden, welche sich hierfür sehr empfänglich zeigen. Lese- und Schreibtafeln, Gebet- und Erbauungsbücher werden angeschafft und von den Gefangenen benutzt. Da sie selbst nach einiger Zeit freiwillig um Arbeit bitten, so wird allen Bittenden solche, zum Theil mit großen Opfern Seitens des Comité's, verschafft.

So reiften die Plane der Gesellschaft dem Zeitpunkt entgegen, wo sie endlich sich förmlich würden constituiren können. Es war eine gedrückte und doch gehobene Zeit. Ein Berichterstatter jener Zeit leiht den

Hoffnungen, welche die Mitglieder damals beseelten, wohl etwas überschwenglichen Ausdruck, wenn er schreibt: „Der Verein ist ein Institut, dessen künftige Entwicklung und Gestaltung selbst die tiefste Combination aller Verhältnisse nicht voraussehen kann." Daß sich aber die Gründer des Vereins bei diesen Empfindungen nicht ganz täuschten, würde schon aus der großartigen Entwicklung hervorgehen, welche die unmittelbar aus dem Wirken der Gefängniß-Gesellschaft hervorgegangene Diakonissen- und Diakonen-Sache inzwischen genommen hat; wird aber auch durch die segensreichen Erfolge bestätigt, welche die Gesellschaft schon damals sehen durfte, sobald sie ihr eigentliches Werk begann.

Ein treues Hirtenherz.

Von der seelsorgerischen Wirksamkeit Fliedner's im Gefängniß zu Düsseldorf sind eingehendere Nachrichten nicht auf uns gekommen; nur daß seine Berichte die nüchterne Klarheit, womit er die inneren und äußeren Zustände des Gefängnisses durchschaute, das herzliche Erbarmen mit den armen Gefallenen und den glühenden Eifer rettender Liebe athmen, der seine ganze Erscheinung kennzeichnet. Auch konnte wohl von tiefer greifenden Erfolgen seines Wirkens um so weniger die Rede sein, als die äußeren Verhältnisse des Gefängnisses noch immer nicht nach einem bestimmten Haftsystem geordnet und Besuche und Gottesdienste in demselben nur vorübergehend von ihm wahrgenommen werden konnten. Wie konnte eine solche Thätigkeit andere als vereinzelte Erfolge aufweisen?

Daher war sein und der Gesellschaft eifrigstes Bemühen zunächst darauf gerichtet, einen eigentlichen

3

Hausgeistlichen für das Düsseldorfer Gefängniß zu gewinnen, der täglich in demselben verkehren und seine
ganze Arbeitskraft den Gefangenen widmen könne. Und
dieser Mann fand sich im Herbste des J. 1828 in der
Person des Pfarrers W. Schmidt. Derselbe war
bisher Seelsorger der nahe gelegenen Rettungsanstalt
Düsselthal gewesen und wurde von dem Gründer
derselben, Graf von der Recke-Volmerstein, als
ein durch große Amtserfahrung, Eifer und Liebe für
das geistliche Wirken besonders geeigneter Mann der
Gesellschaft zu Fliedner's Nachfolger empfohlen. Zwar
bewarb sich gleichzeitig das Consistorium der Provinz
um den tüchtigen Mann und übertrug ihm die Pfarr-
stelle zu Prüm; da er aber erst nach sechs Monaten
dort eintreten sollte, so war er bereit, auch schon für
diese kurze Zeit dem Herrn in seinen Gefangenen zu
dienen; und wie reich gesegnet war sein Dienst!

„Groß waren die Schwierigkeiten", sagt ein Berichterstatter, „mit welchen Schmidt als der erste Hausgeistliche der Anstalt zu kämpfen hatte. Keine Classification der Gefangenen, außer nach dem Geschlechte,
war eingeführt; auch machte die außerordentliche Ueberfüllung des Hauses solche unmöglich und hinderte zugleich die Einführung einer Beschäftigung unter den
Untersuchungsgefangenen. Bei dieser Anhäufung von
Menschen aus den untersten Einwohnerklassen mußten
nothwendig Frechheit und Bosheit in den meisten Stuben, zumal in denjenigen, wo es an Beschäftigung
fehlte, die Oberhand gewinnen und sich ansteckend ver-
breiten. Wie sollte der Hausgeistliche hier einwirken
können, dem nicht einmal ein enger Raum zu Gebote
stand, um darin den Gefangenen einzeln zusprechen zu
können!"

In dieser mißlichen Stellung wußte sich Schmidt
mit Einsicht und Klugheit zu benehmen. Die Hülfe
der Gefängnißbeamten, die bei der Ueberzahl der Ge-

fangenen ohnedies vollauf zu thun hatten, durfte er kaum in Anspruch zu nehmen wagen. Selbst der Dienst der Schließer stand ihm nicht zu Gebote, und oft mußte er im Kerker, mit den Gefangenen eingesperrt, ausharren, bis ihm zur dienstlichen Stunde wieder geöffnet wurde. Aber so eingeschlossen mit den Gefangenen zeigte er ihnen in Liebe und Ernst den Weg zu ihrem Heile und die Folgen der Sünde, übersah mit Geduld die vielen Ungezogenheiten und Spöttereien, die Manche im Anfange sich erlaubten, wußte aber auch die kecken Schmähreden mehrmals so auffallend mit Worten zu schlagen, daß die Afterweisheit dem Gelächter preisgegeben und der Schalkswitz bemeistert wurde. Dabei drängte er sich nirgends auf, sondern blieb, wo er hartnäckige Verstocktheit sah, eine Zeit lang weg, zeigte nur die allergröbsten Excesse der Behörde an und suchte selbst den Widerstrebenden allerlei Gefälligkeiten zu erweisen, um sich durch diese äußeren Hülfeleistungen einen Weg zu ihrem Herzen zu bahnen.

Der Erfolg dieses Wirkens zeigte sich bald. Auf vielen Stuben veränderte sich die Stimmung auffallend zum Besseren; das Lärmen, Fluchen nahm ab, die Ruhe der Gefangenen und der Fleiß in ihrem Tagwerke nahm zu; die Begierde nach religiöser Unterhaltung vermehrte sich so sehr, daß sie, statt vorher über die Ankunft des Geistlichen zu spötteln, jetzt mit froher Ungeduld derselben entgegen sahen. Eine Thatsache möge hier als Beleg angeführt werden. Auf einer der wüstesten Stationen erlaubte sich einmal selbst der bestellte Ordner (hier „Leienführer“ genannt, nämlich der Gefangene, welcher die Aufsicht über die Stubengenossen hatte) eine Ungezogenheit gegen den Geistlichen. Dieser machte das Buch zu und verließ die Stube mit den Worten: „ich habe geglaubt, euch einen Gefallen zu thun, indem ich euch das Wort Gottes zur Lehre und zum Troste sagte. Da ihr es aber von euch stoßt, so

will ich euch nicht weiter lästig sein." Als er vier
Tage später mit den besuchenden Mitgliedern des Aus=
schusses die Stuben durchging und auch zu dieser kam,
umringte ihn beim Weggehen die ganze Stubengesell=
schaft und bat ihn flehentlichst, um des Einen Unge=
zogenen willen doch nicht sie alle leiden zu lassen. Der
Schuldige sei übrigens jetzt weg, und sie versprächen
ihm, keinen Anlaß zur Klage zu geben. Sie hielten
dies auch und machten ihm durch ihre Aufmerksamkeit
und Lernbegierde viele Freude.

Auf einer der andern Männerstuben. brach der
bessere Geist so mächtig durch, daß die Gefangenen
unter sich eine neue Stubenordnung entwarfen. Mor=
gens ward mit dem Vorlesen eines erbaulichen Ab=
schnittes begonnen; dann wurde, da sie noch keine Ar=
beit hatten, geschrieben, gerechnet 2c.; bei dem Essen
wurde ein Danklied gesungen; das Spielen und alles
Schachern wurde verboten, ebenso das Fluchen und
Schwören; die Uebertreter wurden mit einer bestimm=
ten Strafe gezüchtigt; kein Zanken und Streiten wurde
geduldet. Jedem Ankömmling wurde die Stubenord=
nung vorgelesen und er zum Gehorsam verpflichtet.
Bald galt es für eine Belohnung unter den Gefan=
genen des Hauses, auf diese Stube versetzt zu werden,
und der gute Geist wurde hier so kräftig, daß der Ver=
walter des Hauses die Störrigen, die sich auf keiner
Stube vertragen konnten, dahin verpflanzte, weil ihnen
dort die Hände gebunden waren.

Es fehlte auch nicht an äußeren Beweisen dank=
barer Anerkennung der Mühe, die sich der Geistliche
um sie gab. Selbst die Rohesten und Halsstarrigsten,
welche ihre Mitgefangenen früher zum Widerstreben
aufgehetzt hatten, konnten auf die Dauer dem Einflusse
des guten Geistes nicht ganz widerstehen und baten den
Pfarrer Schmidt, als er Abschied von ihnen nahm,
wegen ihrer Ungezogenheiten um Verzeihung.

Den Gefängnißbeamten konnte diese wohlthätige Umwandlung nicht entgehen. Der Verwalter sowohl als der Werkmeister bemerkten mit Vergnügen, daß dieses geistliche Einwirken die Arbeit und Ordnung nicht störte, sondern förderte, daß auf vielen Stuben seit der Zeit besser und fleißiger gearbeitet wurde, daß auf andern, wo noch keine Beschäftigung stattfand, das vorher fast ununterbrochene Lärmen und Getümmel nachließ und das strafende Einschreiten immer seltener nöthig ward; daß ihrem Wirken demnach, weit entfernt, es zu hindern, von dem Geistlichen in die Hände gearbeitet würde.

Nicht weniger erkannten die dem Gefängnisse vorgesetzten höhern Behörden die vorgegangene Veränderung zum Besseren und sprachen unverhohlen ihre Verwunderung und ihre Freude darüber aus.

Diese erfreulichen Erfolge, die das Wirken des Pfarrers Schmidt in so kurzer Zeit lieferte, ließen es um so schmerzlicher bedauern, daß er bereits im Frühjahr 1829 dem oben erwähnten Rufe folgte. Doch war die Bahn gebrochen, auf welcher die Nachfolger im Segen das angefangene Werk fortführen konnten, und die Gesellschaft sorgte dafür, daß es denselben auch an anderweitiger Unterstützung nicht fehlte.

Zunächst ward mit dem Anfang des Jahres 1829 ein Lehrer angestellt, welcher vorläufig 38 männliche und 18 weibliche Gefangene zu unterweisen hatte. Die männlichen waren nur solche, welche im Hause keine sonstige Beschäftigung fanden und meist jüngere Personen; sie wurden täglich von 9 bis 12 Uhr Morgens und Nachmittags von 3 bis 5 Uhr unterrichtet, nur Mittwochs und Samstags Nachmittags nicht, weil alsdann der Unterricht der weiblichen Gefangenen stattfand. Die Lehrgegenstände waren Lesen, verbunden mit biblischer Geschichte, Schreiben, jedoch nur auf Schiefertafeln, Rechnen und Singen. Die Freundlichkeit und

Geduld des Lehrers, verbunden mit Festigkeit und einer angenehmen Lehrgabe, ließ bald die Gefangenen nach dem Unterricht als nach einer Belohnung verlangén, und die dieses Vorrecht erhielten, bewiesen durch die ausgezeichnete Stille, Ordnung, Aufmerksamkeit und Fleiß, welchen Werth sie auf die Unterweisung legten und wie große Bedeutung überhaupt der Unterricht in den Gefängnissen für die Besserung der Gefangenen hat. Dies zeigte sich namentlich auch beim Gesangunter= richt. Die Gefangenen machten im Singen die erfreu= lichsten Fortschritte, und die Lust, mit welcher sie sowohl die kirchlichen als andere ernste Lieder lernten, ließ hoffen, daß die gemeinen und unreinen Lieder, welche so lange in den Arresthäusern erschollen waren*), bald edleren weichen würden. Die Schuldisciplin war strenge, wurde aber genau befolgt, weil der Lehrer die freilich nicht mehr in den Kinderjahren stehenden Schüler die Gesetze selbst entwerfen ließ, denen sie sich deßhalb um so williger unterwarfen. Ueberhaupt ließ er es sich angelegen sein, durch den Unterricht christliche Ge= sinnung in den Herzen der Gefangenen zu wecken, und nicht ohne Erfolg. Die Schüler zeigten sich gegen einander verträglich, halfen einander im Lernen dienst= fertig nach und unterschieden sich großentheils auch außerhalb der Schule durch ein stilleres und gesetzteres Betragen. Namentlich schien das Lesen der biblischen Geschichten tieferen Eindruck auf sie zu machen. Manche erlitten seitdem die Beleidigungen ihrer Mitgefangenen

---

*) Ein höherer Beamter erzählte uns unter Anderem, daß das Erste, was ihm einmal bei einem Besuche des Werden'= schen Zuchthauses entgegen getreten, ein lauter, aus dem Wei= berfaale hervordringender Gesang gewesen sei. Als er auf den Saal zugegangen, um näher zu horchen, habe er das Lied ver= nommen: „Wir sitzen so fröhlich beisammen und haben einan= der so lieb!" Und die Stimmung der verworfenen Weiber sei durch gemeine Lustigkeit dem Liede entsprechend gewesen!

mit größerer Sanftmuth und Demuth; Väter und
Mütter, welche hier selbst lesen, schreiben und rechnen
lernten, kehrten mit dem Entschlusse heim, ihre bisher
verwahrlosten Kinder besser zu erziehen. Einer, welcher
den Lehrer frech belogen hatte und auch dann noch
nicht die Wahrheit eingestehen wollte, als dieser ihn der
Lüge auf eine für alle Mitschüler überzeugende Weise
überführte, wurde dadurch gewonnen, daß der Lehrer
die Mitschüler bat, mit ihm für den Verstockten zu
beten. Durch diese Fürbitte, die er in dessen Gegenwart laut für ihn that, ward derselbe so sehr ergriffen,
daß er die Lüge eingestand und zu einer ernstlichen
Reue kam.

Eine Classification der Gefangenen konnte
zwar noch immer nicht vorgenommen werden, weil die
Räume des Gefängnisses hierfür viel zu beschränkt
waren. Wurden doch im Jahre 1828: 1363 Verhaftete (hierunter 1134 Männer und 229 Frauen und
von je 100 Gefangenen 25 Rückfällige) aufgenommen,
so daß die Anstalt, welche nur für 200 Gefangene eingerichtet war, durchschnittlich mehr als 300 beherbergen
mußte. Doch gelang es den Bemühungen der Gesellschaft, wenigstens eine größere weibliche Krankenstube zu erlangen und seit dem 1. Mai 1829 für die
Weiber eine Wärterin anstatt der bisherigen Wärter angestellt zu sehen. Für die Männer konnte nur
das erreicht werden, daß, wie oben erwähnt, für die
Besseren ein besonderer Saal bestimmt wurde und daß
allmälig auf allen Stuben mit Berücksichtigung der
Wünsche der Gefangenen Ordner angestellt wurden,
welche die Aufsicht über ihre Genossen führten und zur
Belohnung einige kleine Vortheile genossen. *)

---

*) Diese wie einige andere der oben erwähnten Einrich-
tungen lassen sich ohne Zweifel nicht als Muster hinstellen;
wir glaubten sie aber um der Vollständigkeit dieser Schilderung

Auch für die Beschäftigung der Gefangenen thaten die Behörden Manches, indem sie namentlich die Weberei, Schneiderei und Mattenmacherei ausdehnten. Allein immerhin blieben noch 60—70 Menschen ganz unbeschäftigt, und was noch schlimmer war, zu 20—30 in einem Raume müßig eingesperrt! Nehmen wir hinzu, daß wöchentlich zwei Mitglieder des Ausschusses das Gefängniß besuchten, um bei dem Unterricht und den religiösen Erbauungsstunden gegenwärtig zu sein, durch eigne Anschauung von den Zuständen des Gefängnisses Einsicht zu nehmen, für die das Gefängniß Verlassenden Sorge zu tragen und dem Geistlichen und dem Lehrer mit Rath und That zur Seite zu stehen, so werden wir zugeben müssen, daß schon Vieles seit dem kurzen Bestehen der Gesellschaft erreicht worden war und daß dieselbe Ursache hatte, mit Lob und Dank gegen den HErrn auf den Segen hinzublicken, dessen Er sie gewürdigt.

Dehne deine Seile lang und stecke deine Nägel fest! Jesa. 54, 2.

Der segensreiche Erfolg, den die Gefängniß-Gesell=schaft von ihrer Arbeit schon so bald und in ihrer un=mittelbaren Nähe ernbten durfte, mußte ihr ein Sporn sein, für die weiteste Verbreitung ihrer Grundsätze und die größtmögliche Entfaltung ihrer Wirksamkeit zu sor=gen. Zu dem Ende übersandte sie ihre ersten Berichte dem Könige von Preußen, der ihr von Anfang an so viel Huld bewiesen hatte und sie wiederholt sei=

willen nicht übergehen zu dürfen, und sind überzeugt, daß wenigstens die gute Absicht, die denselben zu Grunde lag, nicht verkannt werden wird.

nes besonderen Wohlgefallens an ihren Bestrebungen
versicherte. Sämmtliche Mitglieder der Königlichen
Familie wurden auf dieselbe Weise durch Zusendung
der Berichte für die Gesellschaft interessirt und sandten
bedeutende Beiträge, Prinz Wilhelm, Prinz Heinrich
u. A. jährlich Jeder 30 Thaler. Namentlich auch der
für alle großen und christlichen Ideen so empfängliche
Kronprinz, nachheriger König Friedrich Wilhelm IV.,
nahm den innigsten persönlichen Antheil an dem Auf-
blühen der Gesellschaft, und wenn im Jahre 1829 der
zu Düsseldorf residirende Prinz Friedrich von Preußen sich bewogen fand, das ihm angetragene Protek-
torat der Gesellschaft in den gnädigsten Ausdrücken anzunehmen, den General-Versammlungen derselben wiederholt in höchster Person beizuwohnen, die Gesellschaft
mit einer bedeutenden Summe (75 Thlr. jährlich) zu
unterstützen und in dieser Stellung eines Protektors
bis an seinen im Jahre 1862 erfolgten Hintritt zu
verharren, während sein Sohn, Prinz Alexander
von Preußen Königliche Hoheit, seitdem das Protek-
torat huldvollst übernommen hat, so war diese hohe
Theilnahme des Königlichen Hauses ein ebenso segens-
reiches und erhebendes Vorbild für Alle, die zur Mitarbeit an dem großen Werke berufen waren, als die
Unterstellung desselben unter den besonderen Schutz
eines Königlichen Prinzen von Seiten der Gesellschaft
ein Zeichen des tiefgefühlten Dankes und des Vertrauens,
welches sie dem erhabenen Herrscherhause gegenüber erfüllte. Sie wußte und erfuhr es in ihrer langjährigen
Wirksamkeit immer auf's Neue, daß sie gerade an den
Stufen des Thrones ein offenes Auge und ein warmes
Herz für das Elend der Gefangenen finden würde.

Aber wie viel Wohlwollen kam ihr fördernd und
helfend auch von anderen Seiten entgegen! Ihre Berichte über die Zustände in den Rheinisch-Westfälischen
Gefängnissen veranlaßten unter Anderem die Mini-

sterien, im Jahr 1831 den Dr. Julius, denselben
Literaten, der die Großbritannischen Gefängnisse bereist
hatte, nach den westlichen Provinzen zu entsenden, um
über die Gefängnisse derselben eingehenden Bericht zu
erstatten, und er war es, der die Gründung einer
zweiten Strafanstalt für die Rheinproviz (und
zwar nach dem sogenannten „Strahlenbauplan") zuerst
in Vorschlag brachte. Ein anderes Gesuch der Gesell=
schaft um Gründung eines besonderen Weibergefäng=
nisses als Mustergefängniß für die ganze Rheinpro=
vinz (ebenfalls im „Strahlenbau"), wodurch sie den
vielen Uebelständen, die aus der Vereinigung beider
Geschlechter in denselben Gefängnissen hervorgingen,
abzuhelfen hoffte, wurde namentlich von dem Oberprä=
sidenten der Rheinprovinz, Freiherrn von Ingers=
leben, warm befürwortet. Der westfälische Oberprä=
sident v. Vincke hingegen war mit besonderem Eifer
für die Strafarbeitsanstalt Benninghausen bei Soest
thätig, führte dort nach den Wünschen der Gesellschaft
möglichste Classification ein, stellte Geistliche auf Staats=
kosten an derselben an, gründete eine mit der Anstalt
verbundene Knaben= und später auch eine Mädchen=
Erziehungsanstalt, welche sich bald zu besonders
erfreulicher Blüthe erhoben, regte in dem dortigen land=
räthlichen Kreise die Gründung von Hülfsvereinen der
Gefängniß-Gesellschaft in allen Gemeinden, sowie in
Herford durch persönlichen Vorsitz die Gründung einer
Tochtergesellschaft an, berief an's Herforder Zucht=
haus auf Staatskosten den ersten Anstalts=Geistlichen
und war überhaupt der unermüdliche Vorkämpfer der
Gesellschaft für die Westfälischen Lande.

Mit v. Vincke Hand in Hand gehend, bewirkte
es der Landtagsmarschall vom Stein, daß die Mit=
glieder des Westfälischen Landtags 378 Thlr.
jährliche Beiträge zeichneten und allen irgend erfüllbaren
Wünschen der Gesellschaft bereitwilligst entgegen kamen;

und von denselben Gesinnungen waren fast ausnahms=
los die Königlichen Regierungen beseelt. Nicht
selten traten ihre Präsidenten an die Spitze der betref=
fenden Tochtergesellschaften und bewirkten es dadurch
z. B. in Cöln und Coblenz, daß sich die Spitzen
aller Behörden eifrig an dem Werke der Gesellschaft
betheiligten. Auch die Generalsuperintendenten
sowie die Präsides der Provinzialsynoden, der Erz=
bischof von Cöln, der einen Jahresbeitrag von 60
Thlrn. zahlte und der Generalversammlung der Gesell=
schaft persönlich beiwohnte, der Bischof von Trier,
der die Tochtergesellschaft daselbst gründete, die Bischöfe
von Paderborn und Münster und eine große Zahl
von Superintendenten und Landräthen traten der Ge=
sellschaft bei und unterstützten ihr Wirken in ihren Krei=
sen, so daß dieselbe bereits im Jahre 1833 neun
Tochtergesellschaften (zu Werden, Cöln, Cleve,
Bonn, Coblenz, Trier, Aachen, Münster und Herford)
und 45 Hülfsvereine zählte, welche Zahl sich jedoch
fortwährend noch vermehrte, indem z. B. im Jahre
1834 die Tochtergesellschaft zu Herford und 1835
diejenige zu Paderborn hinzutrat und die Landräthe
nicht selten in allen Gemeinden ihres Kreises Hülfsver=
eine in's Leben riefen, oder ganze Kreissynoden,
wie die zu Mörs, erklärten, als Synoden die Für=
sorge für die Gefängnisse und namentlich für die Ent=
lassenen übernehmen zu wollen, weßhalb die genannte
Synode auch jährlich in allen zu ihr gehörigen Ge=
meinden eine Kirchencollecte für die Zwecke der
Gesellschaft anordnete.

Eine besondere Anregung erhielt das Wirken der
Gefangenen=Freunde durch die jährlich im Mai oder
Juni stattfindende General=Versammlung, auf
welcher alle Mitglieder, welche einen Thaler Jahresbei=
trag zahlten, stimmberechtigt waren. Entsprach auch die
Zahl der Anwesenden bei Weitem nicht der großen

Zahl von Tochtergesellschaften und Hülfsvereinen mit ihren Tausenden von Mitgliedern, so gaben doch diese Versammlungen dem Ausschuß Veranlassung, in je vier Vorträgen über die Seelsorge und den Schulunterricht in den Gefängnissen, über die Classification und die Beschäftigung der Gefangenen, über die Pflege der Entlassenen und die Thätigkeit der Vereine eingehenden Bericht zu erstatten, sowie über die wichtigeren Fragen Debatten unter den anwesenden Gefängniß-Beamten und Freunden zu veranlassen und die gesammten Verhandlungen durch den Druck zur öffentlichen Kenntniß zu bringen. In 3000 Exemplaren gingen damals diese Berichte aus, und wie gesegnet ihre Aussaat war, bewies nicht nur die jährlich steigende Zahl der Mitglieder und Beiträge, (letztere beliefen sich im Jahre 1830 auf 5155 Thlr., im Jahre 1831 auf 6676 Thlr., im Jahre 1832 auf 9362 Thlr. u. s. f.), sondern auch die begeisterte Theilnahme, welche in der Ferne wie in der Nähe dem Wirken der Gesellschaft gezollt und vielfach die Veranlassung zur Gründung ähnlicher Gesellschaften wurde. (So ließ sich der Kammerherr Freiherr v. P. die Berichte senden, um in Sachsen-Meiningen, der Regierungspräsident von Merseburg, um dort die Gründung einer Gefängniß-Gesellschaft in die Hand zu nehmen.) Der bekannte Vorkämpfer der Gefangenen-Sache in Holland, der ehrwürdige, noch immer thätige Suringar, nahm die Berichte mit höchstem Interesse entgegen, und obwohl es sich nicht nachweisen läßt, daß die Rheinisch-Westfälische Gefängniß-Gesellschaft unmittelbar den Anstoß zur Gründung ähnlicher Gesellschaften in den andern Provinzen und deutschen Ländern gegeben hat, so ist es doch bedeutsam, daß sie diesen allen um etwa zwei Jahre des Bestehens vorangeeilt ist und diese dann fast gleichzeitig zu Berlin, Weimar, Schwerin, im Herzogthum Nassau (gegründet am 25. Juni 1829) und in Stuttgart in's Leben traten. Mindestens die vorbildliche Bedeutung der Rheinisch-Westfälischen Gesellschaft dürfte hiernach kaum zu bezweifeln sein.

Die Gesellschaft stand damals freilich im Blüthenmond ihrer Entwicklung. Sie hat es später wie andere Vereine erfahren müssen, daß nicht alle Blüthen Frucht ansetzen und zwischen erster Begeisterung und durchhaltender Treue bei vielen Menschen ein großer Unterschied stattfindet. Aber ihre Aufgabe war zu hoch, ihr Wille zu ernst und das Vertrauen auf des HErrn starke Hülfe bei ihren eigentlichen Trägern zu mächtig, als daß sie durch vorübergehende Schwankungen der öffentlichen Meinung sich hätte beirren lassen können. Wie sie die politisch so bewegten und mit äußerer Noth schwer heimgesuchten Jahre 1830 und 1831 nicht allein ungefährdet bestand, sondern gekräftigt und bedeutend vergrößert aus ihnen hervorging, so wußte sie auch den Anfeindungen und Gefahren, die von anderer Seite her kamen, kräftig zu begegnen, und als ein besonders erhebendes Zeugniß hierfür möchten wir ein Wort des ehrwürdigen Probstes Nitzsch, des damaligen Professors der Theologie an der Universität zu Bonn und Präsidenten der dortigen Tochtergesellschaft folgen lassen.

Ein Wort des Professors Dr. Nitzsch über die Gefängniß-Gesellschaft und ihre Aufgabe.

Unter den vielen Tochtergesellschaften und Hülfsvereinen, welche die Gefangenen-Sache in die Hand genommen hatten, zeichnete sich besonders die Tochtergesellschaft zu Bonn durch die hervorragende Bedeutung ihres langjährigen Präsidenten und die Rührigkeit aller

Mitglieder aus. Das dortige Arresthaus stand zwar nach der Zahl seiner Insassen und der Art seiner Einrichtungen weit hinter den bedeutenderen Gefängnissen von Werden, Düsseldorf, Cöln u. s. w. zurück; es zählte gewöhnlich nur 40—80 und jährlich 900—1060 Gefangene; dieselben hielten sich als Inquisiten, Transportaten oder zur Verbüßung kleiner correctioneller oder polizeilicher Strafen meist nur kurze Zeit im Gefängniß auf. Daher war es besonders schwierig, sowohl auf ihre religiös-sittliche Besserung als auf ihre Classification und Beschäftigung während ihrer Haft, sowie auf ihre Führung und ihr Fortkommen nach der Entlassung hinzuwirken. Hätte also die Bonner Gesellschaft so gedacht wie leider! viele noch heute denken: es lohne sich nicht der Mühe, ein so unbedeutendes und zugleich undankbares Arbeitsfeld in Angriff zu nehmen, so würde sie an dem dortigen Gefängniß wie der Priester und Levit im Evangelio an dem Erschlagenen kaltgründig vorüber gegangen sein. Aber Gottlob! sie hatte ein wirklich priesterliches Herz. Da die Zahl der Gefangenen für Anstellung besonderer Geistlichen zu gering erschien, so übernahm ein katholischer Pfarrer nebst zwei Caplänen die Gottesdienste an allen Sonn- und Festtagen und den Religionsunterricht für die Jugendlichen katholischer Confession. Den evangelischen Gottesdienst an den Sonn- und Festtagen und an jedem Mittwoch hielt Professor Pfarrer Sack mit Zuziehung eines Candidaten, während die jugendlichen Evangelischen von zwei theologischen Seminaristen in der Religion unterrichtet wurden. Zwanzig Knaben, welche von der Brauweiler'schen Arbeitsanstalt zur Erlernung des Weberhandwerks in Bonn untergebracht waren, erhielten durch einen städtischen Lehrer in mehreren wöchentlichen Stunden Unterricht, und dies wurde später dahin ausgedehnt, daß allen Gefangenen täglich eine Lehrstunde gegeben wurde. (Dieser Unterricht wirkte auf die Ge-

fangenen sehr wohlthätig ein, zumal die Meisten in der
Erziehung sehr verwahrlost waren, und ein 34jähriger
Bettler, der den rechten Arm verloren hatte, war so
eifrig im Lernen, daß er binnen 6 Wochen mit der
linken Hand schreiben konnte.) Die Mitglieder des
Ausschusses besuchten alle Donnerstage das Gefängniß
mit großer Treue; auch ein Frauenverein bildete
sich hier wie an den meisten Orten, wo Gefängnisse
waren, und seine Mitglieder besuchten namentlich Sonn=
tags die weiblichen Gefangenen, um lehrreiche und er=
weckliche Gespräche mit ihnen zu halten. Ebenfalls auf
Kosten der Gesellschaft wurde in jeder Stube ein kleiner
verschließbarer Bücherschrank angebracht, der mit guten
Büchern reichlich versehen und unter die Controle des
Stubenältesten und des Schließers gestellt war.

Die Classification der Gefangenen war zwar aus
Mangel an Raum nicht vollständig nach den Grund=
sätzen der Gesellschaft durchzuführen. Doch wurde da=
für Sorge getragen, daß wenigstens die männlichen
Untersuchungs=Gefangenen, die männlichen Verurtheil=
ten, die Kranken, die aus Brauweiler hierher gebrach=
ten Knaben und die weiblichen Gefangenen in vollstän=
dig geschiedenen Räumen sich befanden. Mit der Be=
schäftigung der Männer sah es mißlich aus, während
die Frauen meist mit Spinnen beschäftigt wurden; doch
schon im Jahre 1834 hatten es die fortdauernden Be=
mühungen der Gesellschaft dahin gebracht, daß ein
Werkmeister angestellt und Arbeitsmaterial geliefert
wurde, wodurch dem früheren Müßiggange wirksam
vorgebeugt werden konnte. Zwar blieben auch in die=
sem Jahre noch 400 Inhaftirte ohne Beschäftigung;
doch hatte die Anstalt im Ganzen ein erfreulicheres
Ansehen gewonnen und es wurden in einem halben
Jahre schon 30 Individuen als brauchbare Arbeiter
entlassen, die ohne Kenntniß irgend einer künstlichen
Handarbeit in das Gefängniß gekommen waren.

Alle diese Einwirkungen, wozu namentlich auch noch die Ersetzung untauglicher Beamten durch tüchtigere zu rechnen ist, brachten bald eine sichtliche große Veränderung zum Besseren hervor. Wurde früher beständig über die Zuchtlosigkeit der Gefangenen und die Erfolglosigkeit selbst der schwersten Disciplinarstrafen Klage geführt, so gingen jetzt ganze Jahre hin, ohne daß die letzteren auch nur verhängt zu werden brauchten. Da die Gesellschaft auch namentlich die Pflege der Entlassenen sehr gewissenhaft übte, worin sie hinsichtlich der Weiber durch den Frauen=Verein auf's Kräftigste unterstützt ward, so minderte sich ebenso auffallend die Zahl der Rückfälligen, und von 42 Individuen des landräthlichen Kreises Bonn wurden z. B. im Jahre 1834 nur 13 wieder eingebracht, während die Uebrigen sich gut aufführten; von 52 entfernter Wohnenden erhielten mehr als die Hälfte das Zeugniß des Wohlverhaltens, und gerade einige der schlimmsten Verbrecher erhielten das beste Zeugniß. Kurz, der göttliche Segen ruhte sichtbar auf den Bestrebungen der Gesellschaft.

Da aber gleichwohl das Werk derselben hier wie anderwärts verdächtigt oder als ein nutzloses, wohl gar schädlich auf die Gefangenen wirkendes dargestellt wurde, so sah sich der damalige Präsident der Bonner Tochtergesellschaft, Professor der Theologie Dr. Nitzsch, veranlaßt, gelegentlich Erstattung des Jahresberichts der Gesellschaft für das Jahr 1831 ein öffentliches Wort an diese Gegner zu richten, und bei der hohen Stellung, welche der verehrte Mann in der evangelischen Kirche überhaupt, namentlich aber in Rheinland, Westfalen und den angrenzenden Ländern einnimmt, halten wir es für nicht unwichtig, an sein klares, ernstes Wort auch hier noch einmal zu erinnern.

Er schreibt in Betreff der Wirksamkeit der Bonner Gesellschaft u. A. Folgendes:

„Die Gesellschaft fährt ungeachtet der geringen Theilnahme, die sie bis auf diesen Tag gefunden, und der vielseitigen Hinderungen, mit denen sie zu schaffen hat, fort, nach bestem Vermögen etwas zur Verminderung eines Uebels von ungeheurer Größe zu thun. In vielen Beziehungen hat sie sich nur vorbereitend, rathend und bittend verhalten müssen; wird sie aber nur von ihren eigenen Mitgliedern nicht verlassen, so muß sie mit der Zeit zu bedeutenden Erfolgen gelangen. Sie darf sich, was unmittelbaren Nutzen betrifft, das Zeugniß geben, hin und wieder das Werkzeug gewesen zu sein, dessen sich der barmherzige Gott bediente, um einen Jüngling dem Verderben, um ein aus allen Verhältnissen ausgestoßenes Mädchen dem Rückfalle in neue Verbrechen zu entreißen, um verlassenen Menschen einen letzten Stützpunkt der Besserung und Hoffnung zu gewähren. Sie ist nicht überall, wo sie darauf ausgeht, so glücklich es zu erreichen. Sie hat es aber doch schon zuweilen nachweisbar erreicht, und wo dieß nicht, hat sie entweder noch nicht genug wirken können, oder selbst das scheinbar Erfolglose muß, wenn es einen halben Eindruck hinterläßt, auf die eine oder andere Weise im Verborgnen zum Segen gereichen. Sie ist nicht zu der Ueberzeugung gekommen, daß die kleinen Mittel an Geld, Zeit und Mühe, die sie aufzuwenden hatte, verschwendet worden seien" u. s. f.

Nachdem Nitzsch dann auf die Nothwendigkeit der Anstellung eines Lehrers, der Einführung täglicher Hausandachten, der Beschäftigung der Gefangenen und Entlassenen hingewiesen und um Gaben für diese Zwecke gebeten, fährt er fort:

„Leider sind noch Viele, die sonst wohl das Gemeinnützige gern befördern, noch gegen diese ganze Unternehmung eingenommen; und mancher entgegnet uns, die Gefangenen hätten es ohnehin schon zu gut. Wer so gesinnet ist, wolle uns einen Augenblick anhören und die Sache noch einmal in Prüfung nehmen. Es kann sein, daß die Gesetzgebungen und Instructionen irrten, wenn sie zu viele Bestandtheile des ehemaligen Zucht= und Strafzustandes der gefangenen Verbrecher abschafften, wenn sie diesen Zustand endlich auf die alleinige Einsperrung zurückführten, während die Verwaltungen nur eben einige polizeiliche Aufsicht und eine gewisse Zwangsarbeit hinzu thaten. Gesetzt nun, die Gefangenen haben es in dieser Hinsicht zu gut, so sind wir es wahrlich nicht, die dahin wirken, daß sie es noch besser bekommen. Wo wir es nur immer vermögen, befördern wir eine strengere Zucht, eine wachsamere Aufsicht über die Gefangenen, ein ihrem verwilderten Fleisch fühlbar aufliegendes Gesetz der Ordnung, was Aufstehen, Reinigung, Kleidung, Reden und Schweigen, Beten, Arbeiten und Ruhen anlangt, und einen in dem Allem für Widerspenstige gangbaren Zwang mit möglichst augenblicklicher Bestrafung. Wir streben nach diesen Dingen, weil wir es eben mit den Gefangenen gut meinen und weil Zucht= und Besserungshäuser, die diese Dinge nicht kennen, ihres Namens spotten. In einer andern Hinsicht aber haben es die Gefangenen noch keineswegs so gut, als sie es haben sollten. Sie haben es nicht gut, wenn sie nach einer in völliger Unwissenheit und Verwilderung verlebten Jugend auch durch ihre Verbrechen es nicht dahin bringen, daß sie endlich Jemand den Katechismus lehre und mit der göttlichen Gerechtigkeit und Gnade bekannt mache; der Katechismus läßt sich aber nur mit dem Fleiß der Liebe lehren, in das Herz läßt er sich nicht einpeitschen. Sie haben es ferner nicht gut, wenn sie, die zum Theil nicht verdorbener sind als tausend andere, welche nie in das Zuchthaus kommen, deßhalb, weil sie im Zuchthause waren, nun so preisgegeben, sich überlassen oder verstoßen werden, als müßten sie für ihr ganzes Leben Verbrecher bleiben, oder es nun werden, und zeitlich und ewig untergehen. Nein, sie haben es nicht gut, wenn sie im Gefängnisse kaum etwas Anderes als die Kunst lernen, künftig frecher und entschiedener zu sündigen. Sie haben es auch nicht gut, wenn sie entlassen aus dem Gefängnisse nichts als die Nothwendigkeit zu betteln vorfinden, oder zu stehlen, und sich den Rückweg in das Gefängniß zu bahnen. Der Staat kann wenigstens jetzt noch nicht in allen diesen Beziehungen helfen, er kann sich wie in manchen anderen Dingen so auch in dieser Angelegenheit nur erst wieder gewisse hülfreiche Maaßregeln und Handlungsweisen zu eigen machen, wenn ihm die häusliche und bürgerliche Gesellschaft dazu entgegen kommt und vorarbeitet. Der Staat kann mich nicht zwingen, daß ich dem gewesenen Züchtlinge irgend etwas in meinem Hause oder Dienste anvertraue, vielweniger, daß ich ihm in Liebe Zucht und Wachsamkeit schenke. Die Gesellschaft aber, die freie, bürgerliche und häusliche, wird ihre völlige Gleichgültigkeit in dieser Hinsicht nach und nach selbst immer schwerer büßen müssen. Dafür, daß das verhütende Verfahren des Staates nicht ausreichen kann, nur ein einzelnes frisches Beispiel. Jüngst wurde ein ehemaliges Dienstmädchen, das sich im ersten mehrjährigen Dienste tabellos betragen, im folgenden eine Veruntreuung strafbarer Art hatte zu Schulden kommen lassen, aus dem hiesigen Arresthause nach ausgestandner Haft entlassen. Als sie aus dem Gefängnisse trat, konnte sie von Rechts wegen nach allen vier Winden gehen, denn sie war nicht in Folge des gerichtlichen Erkenntnisses unter polizeiliche Aufsicht gestellt. Eine Tagreise von hier hatte sie zwar eine Verwandtschaft, aber gewiß, dort weder Brod, noch Hülfe der Liebe zu finden, war sie fest entschlossen, gerade dahin nicht zu gehen. Jetzt ohne etwas anderes bei sich zu haben, als ihre Kleider und ihre Bescheinigung aus dem Zuchthause, ging sie aus, einen Dienst zu suchen. Aber in welcher

4*

Stadt? auf welcher Straße? durch welches Zeugniß? Diese noch jugendliche Person gehörte zu den geschicktesten und besserungsfähigsten, die wir im Gefängnisse gesehen, obgleich sie mehrere Rückfälle in Leichtsinn gezeigt; aber nach der Beschaffenheit aller jetzt bestehenden gesellschaftlichen und hausdienstlichen Verhältnisse wäre sie in den Zufällen ihres Suchens, wenn nicht durch Bettelei, wozu sie wenig Neigung verrieth, doch vielleicht schon in der nächsten großen Stadt und in den nächsten mittellosen Tagen auf andre Weise untergegangen. Durch die Gesellschaft mit Reisegeld und Geleitsbriefen versehen, befindet sie sich, wie vorläufige Nachrichten besagen, in sichernden Diensten. In dem weiten Umkreise der Rheinisch-Westfälischen Gesellschaft ereignet sich dergleichen so zu sagen täglich. Kann nun wohl, wenn dieß der Fall ist, der Satz, die Gefangenen haben es schon zu gut, gegen unser Beginnen in Anwendung kommen? Unterstützungen an Geld gewähren wir nur in geeigneten Nothfällen, unser Absehen ist am Meisten darauf gerichtet, den Entlassenen Unterkommen, Arbeit, Leitung und Bewachung zu verschaffen. Möchten doch besonders unsre näheren Mitbürger uns in dieser Beziehung noch zahlreicher unterstützen und diesen ihren Willen zu erkennen geben! — —"

Und dann am Schlusse heißt es: „Wollen wir an der Hand des Christenthums und nach Lage der Sachen, der Kirche und dem Staate dazu, daß dem Aufwuchern der Verbrechen aus Verwilderung und Noth gewehrt werde, auf eine vollständige Weise beistehen: so ist auch erforderlich, daß wir außer dem, was wir für die verhütenden Anstalten, für Armenpflege sittlicher Art, für Freischule, für ein Arbeitshaus, welches großes Bedürfniß wäre, und dergl. thun, auch an den Besserungsanstalten nach Verhältniß theilnehmen, die sich auf die schon gewordnen und es noch mehr werdenden Verbrecher erstrecken. Unterlassen wir dieß, so wer-

den die wieder entlaſſenen Sträflinge, die den verhüten=
den Anſtalten noch keine Verhütung oder Beſſerung
verdanken, wie es am Tage iſt, tagtäglich mehr die
ſittliche Wirkſamkeit aller dergleichen Anſtalten lähmen
und hintertreiben."

Bonn, den 27. Februar 1832.

Profeſſor Nitzſch.

Wer müßte ſich nicht des ernſten, warmen Zeug=
niſſes aus der Feder eines ſolchen Mannes freuen?
Für die Gefängniß=Geſellſchaft zumal, die einen ſo
durchaus practiſchen und für Manche viel zu verächt=
lichen Zweck verfolgte, mußte es ein erhebendes Gefühl
ſein, daß auch die Wiſſenſchaft in ihren hervorragend=
ſten Vertretern die Größe und Wichtigkeit ihres Zweckes
freudig anerkannte. Sie mußte es doppelt dankbar
begrüßen, daß ein Mann für ſie in die Schranken trat,
der auf einen ſo großen Theil der wiſſenſchaftlich ge=
bildeten Jugend einen für ihr ganzes Leben beſtimmen=
den Einfluß ausübte; ſie durfte hoffen, daß aus ihren
Reihen manch wackerer Vorkämpfer für ihre heilige
Sache hervorgehen werde, der es von Nitzſch gelernt,
ſich der Verlaſſenen und Verſtoßenen zu erbarmen; und
aus dieſem Dankgefühl heraus geſchah es, daß ſie ihm
nicht allein den Dank der General=Verſammlung dar=
brachte, ſondern auch ſein Wort als beſondere Anlage
ihres Jahresberichtes ihren ſämmtlichen Mitgliedern
zuſtellen ließ.

Das Evangelium in den Gefängniſſen.

Unter allem Elend, das uns in den Gefängniſſen
ſo maſſenhaft entgegentritt, — zumal wenn wir an die
Zuſtände früherer Zeiten gedenken, — iſt ohne Zweifel
das größte: die Abweſenheit des göttlichen

Wortes und seiner lebendigen Verkün=
digung. Das Lärmen und Toben, Singen und
Lachen, das oft die Gefängnisse füllt, ist wohl etwas
im höchsten Grade Abstoßendes, — aber noch unheim=
licher ist das Schweigen jener Gottesstimmen. Daß
man die Gefangnen im Müßiggange feiern läßt, von
dem doch schon der Volksmund sagt, er sei des Teufels
Ruhebank, ist unbegreiflich und eine schwere Versün=
digung an der zur Arbeit geschaffenen Natur des Men=
schen; aber wenn man auch ihren unsterblichen Seelen
nicht die Beschäftigung gibt, die sie bedürfen, um ge=
rettet zu werden, so ist das geradezu unverzeihlich.
Das Evangelium ist überall mehr als Brod und Luft,
Obdach und Kleidung, es ist das Eine, was noth
thut, — vorzüglich aber im Gefängniß. Hier sind
Tausende von jugendlichen Seelen, die eben deßhalb,
weil sie nie unter dem Segen des Evangelii, seiner
Lehre, Zucht, Strafe und Trost gestanden haben, schon
so früh dem Verderben anheim fielen, — was ist ihnen
nothwendiger, als daß man sie zu ihrem himmlischen
Vater und zu dem großen Kinderfreunde führe, der
ihnen im Evangelio begegnet? Hier sind Magdalenen,
die der Macht der Sinnlichkeit ihre Ehre, ihr gutes
Gewissen, ihr ganzes zeitliches Glück, vielleicht auch
schon ihr armes Kind geopfert haben und im grauen=
vollsten Schmutz des Lasters versanken; — was wollt
ihr den Unglücklichen bringen, wenn ihr ihnen nicht
den Heiland zeigt, der Niemanden von sich stößt, der
sich gebeugt zu Ihm begibt, und der mit Seinem Blut
auch blutigrothe Sünden tilgt? — Hier sind Diebe,
Gauner, Betrüger, Urkundenfälscher, Falschmünzer u.
s. w., — eine Art von Beduinen, die mitten in der
civilisirten Welt ein gemüthliches, oft sogar abentheuer=
lich reizendes Leben führen, aber auch gerade so wenig
oder ein ebenso dehnbares Gewissen haben wie ihre
Genossen in der Wüste, — was sind wir den armen

Verblendeten zu geben schuldig, wenn wir ihnen nicht das Wort verkündigen, das auch ihr todtes Gewissen erwecken und das Verlangen nach den ewigen Gütern entflammen kann? Und treten wir gar in jene ernsteren Räume ein, wo die zu langjähriger, oft lebenslänglicher Haft und die zum Tode Verurtheilten sitzen, lesen wir hier über einer Zelle die entsetzliche Aufschrift: Meineid, und dort die andere: Mord, Raubmord; hören wir hier hinter schwerer, verriegelter Thür ein jammervolles Stöhnen und sehen dort die Gestalt eines Häuslings, dem schon ein 20= bis 30jähriger Aufenthalt im Kerker seinen bleichen Ernst und seinen düstern Groll aufgeprägt hat; — o wie dürfen wir schweigen von dem Wort, das allein Licht in diese Nacht, Trost in dieses Elend, Freiheit in diese Bande bringen kann? Wie dürfen wir zaudern, das zweischneidige Schwert zu schwingen, das allein noch im Stande ist, den verstockten Bösewichtern durch Mark und Bein zu dringen und ihre Gewissen mit gewaltiger Wucht zu erwecken, aber auch die Trostesbotschaft zu verkündigen, die allein die Verheißung hat, die zerbrochenen Herzen zu verbinden und den bis zum Tod Betrübten Schmuck für Asche und Freudenöl für den betrübten Geist zu geben? — O dürfen wir das Wort Gottes den Gefangenen vorenthalten, da es heißt: „Predigt das Evangelium aller Creatur!?" Ist's recht, diese Elenden in ihren Kerkern ohne dieses Himmelsbrod verschmachten zu lassen, da doch der HErr selbst den „Geistern im Gefängniß" das Evangelium verkündigt und ihr Gefängniß gefangen geführt hat? Oder darf man gar von Perlen, die vor die Säue geworfen seien, reden, so lange noch die Passionsgeschichte und in ihr der wunderherrliche Vorgang zwischen dem gekreuzigten Lebensfürsten und dem gekreuzigten Mörder verkündigt wird? Wie will man es leugnen, daß Staat, Kirche, Gesellschaft, Schule und Haus und jeder einzelne Christ sich der

schwersten Unterlassung schuldig machen, wenn sie nicht
dafür sorgen, daß den gefallenen Brüdern im Gefäng=
niß das Evangelium verkündigt wird?

Und man tröste sich doch nicht mit dem Gedanken:
das geschehe schon überall! Wohl ist's, — Dank dem
Mahnruf, den die christliche Barmherzigkeit erhob, —
an vielen Orten anders geworden und die Zeit vorüber,
wo man mit dem bloßen Absperren der Missethäter
meinte alle Gerechtigkeit erfüllt zu haben. Aber wie
manches Gefängniß ist trotz aller Mahnrufe noch ganz
in den Zuständen von vor 1826 versunken und noch
von keinem einzigen goldenen Strahle der Sonne des
Lebens erleuchtet! Wie manches eiserne Thor öffnet
sich nur dann und wann einem Seelsorger, vielleicht
wenn ein Sterbender drinnen nach der letzten Weg=
zehrung verlangt oder der Brief eines gebrochnen Mut=
terherzens und die flehentliche Bitte des fernen gebeug=
ten Weibes eines Gefangenen es so fordert! Und wie
manches Gefängniß soll schon dann der Ehre genug
haben, wenn nur alle 8 oder 14 Tage einmal ein
Mann im Chorrock erscheint, um, unbekannt mit den
Seelen seiner Zuhörer, wie er ist, vielleicht in recht
guter Meinung, vielleicht aber auch nur, weil es von
den Behörden gern gesehen wird, eine Predigt von einer
Viertelstunde zu halten und sich dann wieder bestens
bis zum nächsten Male zu empfehlen? O wahrlich,
das geistliche Elend der Gefangenen ist mit solchen
Abschlagszahlungen nicht abzufinden. Mag sein, daß
Manchen unter den Gefangenen schon dies Wenige zu
viel ist und daß sie, wie sich Einer von ihnen einmal
ausdrückte, „zu aller Last und Plage nicht auch
noch das Sonntagsvergnügen haben wollen,
sich ihr Sündenregister vorhalten zu lassen;"
— gerade diese Angst vor Gottes Wort und dies Aus=
schlagen wider seinen Stachel zeigt es uns, wie sehr sie
desselben bedürfen. Erst indem zur äußeren Zucht

und Strafe diese heilige Strafe, damit Gott sie in
ihrem Gewissen straft, hinzutritt, wird die Strafe zu
einer segensreichen Züchtigung und kann sie ein
Weg zum Leben, zum Frieden, zum einigen Trost im
Leben und im Sterben werden, — was aller göttlichen
und menschlichen Strafe höchstes Ziel ist und bleiben
muß.

Die Gefängniß-Gesellschaft hat es von vorn herein
als ihre vorzüglichste Aufgabe erkannt, dieser heiligen
Gottesmacht — dem Wort vom Kreuze — die Kerker
zu öffnen. Sie erkannte es, daß „die Seele aller
Barmherzigkeit die Barmherzigkeit mit den
Seelen" sei, wie Elisabeth Fry gesagt hat, und daß
nur das Evangelium die Gotteskraft in sich trage, die
Seelen zu retten. Bevor sie daher irgend etwas Anderes unternahm und noch ehe sie öffentlich anerkannt
war, sandte sie die Diener des Evangeliums zu den
Gefangenen. Mochten sie dort weder Kanzel noch Altar finden, mochten sie in einen wüst lärmenden Men-
schenknäuel hineintreten, von dem sie mit Staunen oder
Spott begrüßt wurden, mochte ein großer Theil des
ausgestreuten Samens unter die Dornen und an den
Weg fallen, weil die Zustände in den Gefängnissen
einen nachhaltigen Segen fast unmöglich machten, —
wenn nur Christus in den Gefängnissen gepredigt wurde,
das war der sehnlichste Wunsch der Gesellschaft. Man
hoffte, wo nichts zu hoffen war, und erinnerte sich des
göttlichen Vorbildes des Heilandes, der auch auf den
Gassen und Straßen gelehrt, gewiß, daß hie und da
eine Seele sich finden werde, welche von der Kraft
Seines Wortes tiefer sich ergreifen ließe.

Die Gesellschaft warf für jeden von ihr anzustel-
lenden Geistlichen einen Gehalt von 400 Thlr. aus und
ersuchte die Regierungen, denselben freie Wohnung in
den Gefängnissen oder statt derselben eine Miethentschä-
digung zu gewähren. Die Dauer der Anstellung werde

sich) nach den Mitteln der Gesellschaft und dem bewie=
senen Amtseifer der Geistlichen richten; doch werde sich
der Ausschuß bei den zuständigen höheren Behörden
nach fünfjähriger treuer Arbeit der Geistlichen um deren
Versetzung in bessere Stellungen verwenden, wie auch
mehrmals mit erwünschtem Erfolge geschah. Den Re=
gierungen stand die Bestätigung der von der Gesellschaft
gewählten Geistlichen zu.

Damit aber der Gottesdienst, die Hausandachten
und der Religionsunterricht allmälig auch in würdigen,
kirchlich hergerichteten Lokalen stattfinden könnten,
überreichte der Ausschuß der Regierung einen umfassen=
den Bauplan zunächst über die Vergrößerung des Düs=
seldorfer Gefängnisses und die zweckmäßigere Einrich=
tung des Werden'schen Zuchthauses, und es währte
nicht lange, so konnte wenigstens an beiden Orten eine
vorläufige Hauskapelle geweiht werden. Für die
Düsseldorfer schenkte ein Mitglied des Elberfelder Hülfs=
vereins, Herr Kamp, den Altar und das Altarbild,
die Gesellschaft die Orgel. Im Jahre 1831 fand zwar
in Düsseldorf eine solche Ueberfüllung des Arresthauses
statt, daß der Betsaal wieder zum Schlafsaal der Ge=
fangenen hergegeben und Gottesdienst nebst Hausandacht
nur zuweilen auf einem größeren Gange gehalten wer=
den konnte; und in Werden mußten die ebenfalls auf
einem Gange stattfindenden Hausandachten eine längere
Zeit ausfallen, weil am 14. December 1830 die Abend=
andacht von einer großen Zahl von Verbrechern benutzt
wurde, um einen schon lange geschmiedeten Fluchtplan
auszuführen. Doch kam die Regierung so bald wie
möglich den Wünschen der Gesellschaft entgegen. Sie
beschaffte eine Orgel für Werden, und in Cleve wurde
im Jahr 1833 eine Kapelle hergerichtet. So konnten
schon bald an manchen Orten Geistliche angestellt wer=
den. In Düsseldorf und Werden wurden alsbald
auch katholische außer den evangelischen Geistlichen von

der Gesellschaft berufen; die Tochtergesellschaft in Mün=
ster stellte dort zunächst einen katholischen, der Ober=
präsident in Herford einen evangelischen Zuchthaus=
geistlichen an; in Cöln übernahm ein katholischer Pfar=
rer mit seinem Caplan, deßgleichen zwei evangelische
Geistliche und der Judenmissionar Stockfeld die geist=
liche Pflege; für die Strafarbeitsanstalt Benning=
hausen berief v. Vincke, wie schon oben erwähnt,
einen evangelischen Geistlichen und beauftragte den Orts=
pfarrer mit der katholischen Seelsorge; für Brauwei=
ler stellte die Tochtergesellschaft zu Cöln den evangeli=
schen Geistlichen an, während die katholische Seelsorge
dort ebenfalls dem Ortspfarrer und seinem Caplane
überwiesen wurde. In Cleve übernahm der Orts=
pfarrer die Seelsorge, ähnlich wie in Bonn, Coblenz,
Trier und an anderen Orten, so daß es nach dem
ersten Jahrzehnt des Bestehens der Gesellschaft nur noch
sehr wenige Gefängnisse ohne ständige Seelsorge gab,
wie zu Aachen, wo nur auf besonderen Wunsch die
kranken Gefangenen von den Seelsorgern besucht wur=
den; zu Arnsberg, wo das Hofgericht selbst die Klage
erhebt, daß das auch sehr ungesunde Gefängniß ohne
alle geistliche Pflege und Einwirkung auf sittliche Bes=
serung bestehe; zu Elberfeld, wo im Jahre 1834 ein
Gefängniß mit 44 Gefangenen durchschnittlich errichtet
wurde, das aber so beschränkt war, daß nicht einmal
Arbeitsräume, geschweige ein gottesdienstliches Lokal be=
schafft werden konnte, und die Ortspfarrer nur zu=
weilen den Gefangenen seelsorgliche Besuche abstatten
konnten.

Was die Thätigkeit namentlich der von der Ge=
sellschaft berufenen Geistlichen betrifft, so waren diesel=
ben verpflichtet, an allen Sonn= und Feiertagen Mor=
gens und Nachmittags den Gottesdienst zu leiten (Nach=
mittags namentlich Katechisation mit Alt und Jung);
täglich (mit Ausnahme des Sonntags) eine Hausandacht,

Morgens mit Gesang und Gebet, Abends auch mit
Vorlesung eines Schriftabschnittes oder einer erbaulichen
Betrachtung zu halten; 4= bis 6mal jährlich das hl.
Abendmahl auszutheilen; wöchentlich eine Stunde Reli=
gionsunterricht an alle Gefangenen, welche desselben
besonders bedurften, den jüngeren unter 21 Jahren
jedoch je 2 Religionsstunden wöchentlich und zwar in
3 Abtheilungen zu ertheilen. Sie hatten ferner die
Gefangenen sowohl bei der Arbeit in dem Kerker als
am Krankenbette fleißig zu besuchen; über die sittliche
Führung derselben genaue Aufsicht und Tagebuch zu
führen; den Lehrer in seiner ganzen Thätigkeit zu über=
wachen und zu leiten; die erforderlichen Sitten= und
Entlassungszeugnisse für die Gefangenen auszustellen
und alle 2 Monate dem Ausschusse der Gefängniß=
Gesellschaft über alle Veränderungen im inneren und
äußeren Zustande der Gefängnisse Bericht zu erstatten,
Beschwerden und Wünsche vorzutragen u. s. f. Zu
diesen Verpflichtungen traten im Laufe der Zeit noch
manche andere hinzu, z. B. die Anlegung und Ueber=
wachung der Gefängniß=Bibliotheken, die Beiwohnung
der Sitzungen der Tochtergesellschaft, die Correspondenz
mit den Familien der Gefangenen und mit den Be=
hörden und Vereinen über die Entlassenen; genug, es
fand sich für jeden treuen Seelsorger Arbeit die Hülle
und Fülle, und es darf wohl gesagt werden, daß der
HErr auch in der Wahl der Persönlichkeiten der Gesell=
schaft seinen besonderen Segen zuwandte.

Die Früchte dieser Wirksamkeit konnten nicht aus=
bleiben. Sie zeigten sich zunächst darin, daß die Got=
tesdienste, wiewohl die Sonntagsarbeit damals noch in
den meisten Gefängnissen gestattet war, fast ausnahms=
los fleißig besucht wurden und die Stille und Andacht,
woran es allerdings im Anfange bei den ungeeigneten
Lokalen oft fehlte, sichtlich zunahm. Einen erfreulichen
Eifer legten die Gefangenen namentlich für die Ver=

besserung des Kirchengesanges an den Tag und ließen sich willig, wo ihnen dazu Gelegenheit geboten wurde, im Gesange unterweisen. Fleiß und Ruhe nahmen überhaupt in den Anstalten, seitdem die Seelsorger in ihnen wirkten, zur Verwunderung und Freude der Beamten zu. Im Düsseldorfer Gefängniß verminderte sich die Zahl der Disciplinarstrafen rasch um mehr als die Hälfte; in Werden unter den 600 schweren Verbrechern, worunter allein 111 auf Lebenslang verurtheilte, um stark ein Drittel; in anderen kleineren Gefängnissen wurden oft Jahre lang gar keine Disciplinarstrafen mehr verhängt; ja, in Werden war es wesentlich dem Einfluß der Geistlichen zuzuschreiben, daß das oben erwähnte Komplott der Sträflinge nicht in seinem ganzen Umfange zur Ausführung kam, und dem katholischen Geistlichen gelang es, noch am Tage des Ausbruchs der Verschwörung durch eine kräftige Ansprache an die Gefangenen einer Männerstube den bösen Geist so zu dämpfen, daß nachher bei der Aufforderung der Verschworenen an die 52 Gefangenen dieser Stube, ihnen zu folgen, nur 2 Gehör gaben. — Und wie viele einzelne Beispiele aufrichtiger Sinnesänderung durften die Geistlichen bei ihrem mühevollen Wirken sehen! Ein katholischer Gefangener zu Düsseldorf wollte z. B. am Osterfeste nicht eher zur Communion gehen, als bis er eine auf Unwahrheit beruhende Bitte um Abkürzung seiner Strafzeit zurückgenommen; ein Evangelischer daselbst wurde vom Religionsunterricht so tief ergriffen, daß er seinem Seelsorger geheime Sünden bekannte, sie ablegte und auch in Werden, wohin er später abgeführt wurde, seine Besserung mit der That bewahrheitete. In Werden legte ein wegen Mord Verurtheilter nicht nur während der Haft seine Sinnesänderung durch die beste Führung an den Tag und bekannte, daß er seine Gefangenschaft als eine wohlverdiente Strafe Gottes erkenne, sondern

ernährte sich auch nach seiner Entlassung redlich und
hielt sich vom Trunk und böser Gesellschaft fern. Ein
Anderer starb im Gefängniß mit reumüthigem Bekennt=
niß seiner Sünden und mit freudigem Glauben an sei=
nen Erlöser. Noch ein Anderer der dortigen Gefan=
genen wurde Aufseher in der Wollenweberei und be=
thätigte seine gewonnene christliche Erkenntniß nicht
allein durch seinen eigenen Wandel, sondern suchte auch
auf seine Mitgefangenen christlich einzuwirken und sie
wenigstens von rohen Ausbrüchen des Lasters zurückzu=
halten, las ihnen auch bisweilen aus der h. Schrift
und andern Andachtsbüchern vor. — Auch eine Freun=
din der Gefangenen, Fräulein J. K., die nach dem
Vorbilde der Elisabeth Fry. die weiblichen Sträflinge
im Zuchthaus zu Werden mit aufopfernder Liebe flei=
ßig besuchte, wurde durch Ermunterung zur Arbeit und
christlichen Zuspruch für Manche derselben zum Segen.
So bekehrte sich im Jahre 1832 eine von ihr häufig
besuchte Gefangene auf ihrem langen Krankenlager von
Herzen zum Heilande und ging mit großer Glaubens=
freudigkeit heim. Vor ihrem Sterben ersuchte sie das
Fräulein K. flehentlichst, ihrer zu Brauweiler detinirten
Schwester Nachricht von ihrer Sinnesänderung zu geben,
damit diese gleichfalls von ihrem Sündenleben abstehe.

Auch in Benninghausen sah der Hausgeistliche
Overbeck manche liebliche Früchte seiner Arbeit. In
den Morgenandachten pflegte er den Häuslingen stets
einen ermunternden und erhebenden Gedanken für den
Tag mitzugeben, wozu zweckmäßige Bibelstellen, auch
wohl ein Liedervers dienten. In den Abendandachten
ertheilte er ihnen einen Sommer hindurch einen voll=
ständigen christlichen Unterricht nach dem Buche: „Christ=
licher Unterricht für solche, welche nach dem Himmels=
wege fragen." Diesen Unterricht fand er besonders ge=
segnet, und mehrere Häuslinge drückten ihm ihren
sehnlichen Wunsch aus, den Weg zum Himmel uner=

schütterlich wandeln zu können, welchem Wunsche denn
auch ihr Betragen immer mehr entsprach. Auch durfte
er unter Anderm die erfreuliche Erfahrung machen,
daß durch seine eindringliche Schilderung von dem see=
lenverderblichen Einfluß schlechter Eltern auf ihre Kin=
der das Gewissen eines Mannes so heftig erregt ward,
daß derselbe von Stund an ein durchaus anderer Mensch
wurde.

Aus derselben Anstalt mußte freilich in demselben
Jahre ein Häusling, der durch seinen hartnäckigen Un=
glauben und seinen frevelhaften Spott zu einer Pest
für die ganze Anstaltsgemeinde geworden war, entfernt
werden, und in Düsseldorf kam es vor, daß eine ganze
Anzahl Weiber wegen ihres nichtsnutzigen Verhaltens
während des öffentlichen Gottesdienstes von demselben
ausgeschlossen werden mußte, bis sie ernste Zeichen der
Reue an den Tag legten. Auch kam später einmal
eine Zeit, wo die Gesellschaft fast von allen ihren Geist=
lichen die Klage vernahm, daß die Zahl der Rückfälligen,
die sich mehrere Jahre hindurch so affallend vermindert
hatte, wieder im Zunehmen begriffen sei, — lauter
ernste Mahnungen, sich durch die schönen Erfolge nicht
über den Ernst der Aufgabe täuschen zu lassen. Aber
die Gesellschaft durfte doch nicht klagen: „ich bringe
meine Kraft umsonst und unnützlich zu!" — im Gegen=
theil, sie mußte im Blick auf's Ganze und Große rüh=
men: „der HErr ist bei mir wie ein streitbarer
Held! Ich gehe einher in der Kraft des HErrn
HErrn; ich rühme deine Gerechtigkeit allein!"

—

Die Jugendlichen.

Es geht wohl Jedem so, der ein Gefängniß be=
tritt, daß unter Allem, was er hinter den eisernen

Thüren und Gittern gewahrt, besonders der Anblick der sogenannten „Jugendlichen", d. h. der Gefangenen vom blühenden Alter der Jünglinge und Jungfrauen bis hinab zu den Kindern, ihm durch die Seele schneidet. Welch ein scharfer Contrast: die Züchtlingskleidung und die jugendliche Gestalt! Welche Anklagen wider Heimath und Vaterhaus, diese schon so frühe zu Verbrechern gereiften Kinder! Welche Vorwürfe namentlich gegen die Unnatur des Lebens in großen Städten, die sich in den Gaunergesichtern dieser 16= oder 14= oder 12jährigen Bösewichter darstellen! Und auch welche Befürchtungen für die Zukunft dieser Unglücklichen, die in uns aufsteigen, wenn wir die Züge der Verkommenheit, Unwissenheit, Schlauheit und Bosheit betrachten, welche die Sünde schon so früh in ihre Angesichter grub! Ist das nicht die Verbrecher=Aussaat für künftige Jahrzehnte? Werden wir diesen Gestalten nicht noch öfter im Zuchthaus begegnen? Sinnt nicht dieser lauernde Blick des 13jährigen Straßendiebes schon auf neue Verbrechen, während er eins der vielen bereits verübten hier verbüßt? Wird diese Hand des jugendlichen Fabrikarbeiters, die schon das Messer gegen den Mitarbeiter zückte, nicht noch in mancher wilden Schlägerei sich wider den Nächsten erheben und vielleicht mit Mord sich beflecken? Hat diese junge Brandstifterin nicht in ihrer ganzen Erscheinung etwas an satanische Schadenfreude oder auch thierische Stumpfheit Erinnerndes? Wird jene Vagabundin von 16 Jahren, welche in alle Geheimnisse der „Höhlen" und „Keller" längst eingeweiht ist, jemals die finstern Bande wieder zerreißen, womit eine völlige Verwahrlosung, ja, eine systematische Abrichtung zum Lasterleben sie gefesselt? — Das sind die Fragen, die sich uns aufdrängen, so oft wir das arme „junge Blut" in den Händen der vergeltenden Gerechtigkeit erblicken.

Und dürften wir uns nur trösten: das Gefängniß wird sie bessern, das „Zuchthaus" wird für sie werden, was es im schönsten Sinne seines Namens für alle seine Insassen sein sollte, ein „Haus der Zucht"! — Allein die Gefängnisse waren und sind zum Theil noch heute wenig dazu angethan, diese Hoffnung in uns zu nähren. Was läßt sich von ihrer Einwirkung auf die Jugendlichen erwarten, wenn diese, wie es früher fast ausnahmslos der Fall war, mit den gereiften Verbrechern bei Tag und Nacht in einem Raume ohne Arbeit und oft genug auch ohne Aufsicht vereinigt waren und die verpestete Luft des Lasters einathmeten, die hier herrschte? Was konnte für eine Zucht an den Knaben ausgeübt werden, wenn in einer Strafarbeitsanstalt nicht, wie die Hausordnung vorschrieb, wenigstens für alle 50 Zöglinge ein Aufseher, sondern für mehr als 250 nur zwei Aufseher gefunden wurden! Was konnte aus ihnen werden, wenn sie (wie sich ein Bericht von 1833 ausdrückt) „mitten unter Vagabunden, Säufern, Dieben, liederlichen Dirnen und anderem Gesindel" sich befanden, anstatt einer besonderen Erziehungsanstalt zur Besserung übergeben zu werden? Und was hätte auch die strengste Sonderung und die straffste Zucht genützt, wenn man fortfuhr, die gewöhnlich völlig unwissend Eintretenden auch völlig ohne Unterricht zu belassen? So war es damals, und so ist es noch heute vielfach. Wiewohl sich bei genaueren Ermittlungen herausstellte, daß z. B. in Werden unter etwa 600 Zuchthäuslern 155 sich befanden, welche so zu sagen aller Schulkenntnisse ermangelten und allein 72 Evangelische, welche noch nicht confirmirt waren; wiewohl die Anstalt zu Brauweiler unter den 626 Häuslingen jüngeren Alters, welche im Jahre 1831 dieselbe bevölkerten, 351 zählte, welche niemals Schulunterricht genossen hatten, und wiewohl dieselbe Anstalt im Jahre 1833 unter 377 neuen Ankömmlingen 142 Rückfällige zählte, so daß die Früchte der mangelhaften Einwirkung auf die Häuslinge handgreiflich genug her-

5

vortraten, so fehlte es doch früherhin so zu sagen an allem und jedem Unterricht in den Arresthäusern; und die Gefängniß-Gesellschaft fand hier einen großen, noch völlig brach liegenden, aber gewiß auch hoffnungsreichen Acker.

Oder ließ es sich nicht mit Sicherheit erwarten, daß wenn einmal alle die Schaaren von Jugendlichen in besonderen Räumen gesammelt, tagtäglich in eigentlichen Gefängnißschulen unterrichtet und der besonderen Pflege der Lehrer überwiesen würden, gerade bei ihnen die Gotteskraft des Evangelii und der Segen christlicher Bildung und Erziehung sich offenbaren werde? Ist nicht die Jugend, die so leicht zum Bösen sich verleiten läßt, auch für das Heilige und Gute noch empfänglicher als das in Sünden groß gewordene Geschlecht? Und wenn es gelang, diese armen jugendlichen Seelen zu retten, war damit nicht zugleich einem fruchtbaren Nachwuchs des Verbrechens die Axt an die Wurzel gelegt?

So sahen wir denn auch gleich von vornherein die Thätigkeit der Gefängniß-Gesellschaft damit beginnen, daß im Gefängniß zu Düsseldorf und zu Werden Lehrer angestellt wurden, die nicht allein die Jugendlichen, sondern auch die erwachsenen Gefangenen das Lesen und die Fleißigeren auch das Schreiben und Rechnen lehren und sie namentlich in der biblischen Geschichte, Katechismus, Kirchenlied, Gesang und Gebet unterweisen mußten. Jeder Lehrer sollte täglich 6 Stunden unterrichten und seine Schüler in drei Abtheilungen eintheilen, so daß jeder Schüler alle Wochentage zwei Stunden in der Schule zubringe und dafür vom Werkmeister bei Zumessung seines Arbeits-Pensums eine Erleichterung erhalte. Die letztgedachte Eintheilung war ein unabweisbares Bedürfniß, da die zu unterrichtenden Gefangenen ebenso verschieden an Alter und Aufführung wie an Kenntnissen waren. Unter den 156

Gefangenen, welche in Düsseldorf im Jahre 1830 un=
terrichtet wurden, befanden sich z. B. 68, welche schon
über 21 Jahre alt waren, also nicht mehr zu den
Jugendlichen zählten. Da aber durch diese Classification
der Unterricht für die Einzelnen sehr geschmälert wurde,
so fand sich der Düsseldorfer Lehrer bald veranlaßt,
noch eine Sonntagsschule einzurichten, die er zwar
vorzugsweise zur Erzählung der biblischen Geschichte
und anderer geschichtlichen Thatsachen, sowie zur Ein=
übung des Kirchenlieds benutzte, welche aber zugleich
dazu diente, den Lerneifer und die Kenntnisse der Ge=
fangenen überhaupt zu vermehren. An dieser Sonn=
tagsschule nahmen dieselben zwar nur freiwilligen
Antheil, aber es zeigte sich bald eine große und freu=
dige Betheiligung, und wo später die Gesellschaft an
anderen Gefängnissen Schulen errichtete, empfahl sie
den Lehrern auf das Dringendste auch diese Sonntags=
schulen.

Bald folgten die Tochtergesellschaften dem segens=
reichen Vorbilde der Muttergesellschaft. In Bonn
wurde im Jahre 1834 ein Lehrer angestellt, der durch=
schnittlich allein 48 Kinder unter 16 Jahren unterrich=
tete; in Coblenz wurde wenigstens die Einrichtung
getroffen, daß ein gebildeter und gesetzter erwachsener
Sträfling die Jugendlichen unterrichtete; in Herford
arbeiteten die beiden vom Geistlichen aus den Gefan=
genen gewählten Küster durch Unterricht der Katechu=
menen dem Pfarrer vor; in Cöln wurde ein beson=
derer Lehrer angestellt, der im Jahre 1831 bereits 112
Schüler unterwies; in Neuwied ließ sich der Direc=
tor des Schullehrer=Seminars bereit finden, die unwis=
senden Gefangenen durch zwei Seminaristen unter=
richten zu lassen, — kurz, wo die Gesellschaften über=
haupt eine lebendige Thätigkeit entfalteten, da wurde
auch der Unterricht in seiner hohen Bedeutung für die

5*

Gefangenen gewürdigt und in irgend einer Weise her=
beigeführt.

Der Segen dieser Arbeit blieb nicht aus. Schon
das war Erfolg genug, daß nach dem übereinstimmen=
den Berichte aller Lehrer die Gefangenen sich eher zum
Unterrichte drängten als dazu gezwungen werden muß=
ten und hinsichtlich der Disciplin kaum eine nennens=
werthe Schwierigkeit bereiteten. Ebenso erfreulich war
die Thatsache, daß, so groß die Unwissenheit der Ar=
restanten oft bei ihrem Eintritt in's Gefängniß war,
doch selten Einer aus längerer Haft entlassen wurde,
der nicht die Kenntnisse der Elementarschule sich ange=
eignet hatte, wie dies z. B. von Düsseldorf schon im
Jahre 1832 gerühmt werden durfte. Bald konnten die
Schüler von andern Gefangenen an ihrem besseren Be=
tragen unterschieden werden. Von 30 katholischen Re=
ligionsschülern zu Düsseldorf wurde im Jahre 1833
nur einer rückfällig, von 30 evangelischen ebendaselbst
kein einziger; und in Brauweiler wurden von 38 Ent=
lassenen, welche gut unterrichtet waren, nur 3 rückfällig,
wogegen von andern Entlassenen, welche wegen Kürze
der Haft noch keinen hinreichenden Unterricht genossen
hatten, sehr viele rückfällig wurden.

Ganz besonders segensreich erwies sich die vom
Oberpräsidenten v. Vincke in Benninghausen
gegründete, damals etwa 40 Zöglinge zählende Kna=
benerziehungsanstalt, mit welcher später auch
eine Mädchenanstalt verbunden wurde. Der Lehrer
derselben, Beiderbeke, wirkte vorzüglich auf das Herz
der Knaben ein, und da ein christlicher Geist seinen
Unterricht wie seine Erziehung durchwehte, so machten
sie nicht nur in den Elementarkenntnissen die erfreulich=
sten Fortschritte, sondern auch ihre Folgsamkeit, Arbeit=
samkeit, Verträglichkeit und fröhliche Zutraulichkeit nahm
bedeutend zu. Auch die Frau des Lehrers, welche den
treuen, christlichen Sinn mit ihrem Mann theilte, be=

schäftigte sich des Abends viel mit den Knaben und
wirkte durch mütterliche Pflege wohlthätig auf sie ein.
Durch die seit 1833 eingeführte Beschäftigung der
Knaben mit dem Landbau und durch gymnastische
Uebungen nahm auch die Gesundheit und Gewandheit
der Knaben in erfreulicher Weise zu. Daher konnte
fortdauernd berichtet werden, daß sich Rückfälle unter
diesen Zöglingen nur selten ereigneten, und z. B. im
Jahre 1834 von 30 bei Lehrmeistern oder Dienstherr=
schaften auswärts untergebrachten Zöglingen 26 das
Zeugniß guter Führung erhielten und als vom Wege
des sittlichen Verderbens zurückgebracht angesehen wer=
den konnten. „Die Anstalt, — heißt es in einem spä=
teren Berichte, — blüht noch immer unter Leitung des
väterlich wirkenden Lehrers als ein Garten Gottes, und
ist eine besonders erquickende Erscheinung für den christ=
lichen Menschenfreund, wenn er so viele andere Felder
der Menschenerziehung voll Unkraut und nur spärliche
Früchte bringen sieht. Der Geist der Liebe und einer
ernst christlichen Zucht von Seiten des Lehrers und
seiner Frau erweckt Vertrauen und Anhänglichkeit bei
den Knaben, so roh und verwahrlost auch viele dersel=
ben in die Anstalt kommen, und an einer wachsenden
Arbeitslust, Verträglichkeit, Offenheit, Bescheidenheit und
Liebe zu ihrem Heilande, welche die Mehrzahl beseelt,
sieht man, daß ihre Erziehung rechter Art und von
Gott gesegnet ist. Von der großen Zahl der seit 3
Jahren nach geschehener Confirmation entlassenen Zög=
linge ist noch keiner rückfällig geworden, und die
meisten betragen sich zur großen Zufriedenheit ihrer
Lehr= und Dienstherren, wovon sich Beiderbeke selbst
auf einer Reise überzeugte, welche er im verflossenen
Sommer zur Aufsuchung aller seiner entlassenen Zög=
linge in Westfalen machte."

Das Zwangsarbeitshaus in einen „Garten Gottes"
verwandelt, — der Auswurf der Jugend, der der

Obrigkeit verfallen war, nicht nur für den Staat und
die menschliche Gesellschaft, sondern auch für das Him=
melreich und die Ewigkeit gerettet, — die „Strafe
der Zucht wirklich ein Weg zum Leben gewor=
den", wie sie es nach Gotteswort werden soll, — wer
müßte sich nicht solches Segens freuen und die Bestre=
bungen segnen, die nach einer langen Zeit des Todes
und der Verwüstung solche Erfolge unter Gottes Segen
herbeiführten? Freilich, noch heilsamer erwies sich die
in späteren Jahren von der Gefängniß=Gesellschaft leb=
haft befürwortete Unterbringung jugendlicher Sträflinge
in eigentlichen Rettungsanstalten oder besonderen,
von den Gefängnissen ganz getrennten Besserungsan=
stalten, wo sie aller Gemeinschaft mit den erwachsenen
Sträflingen entnommen sind und die Anstalten mehr
den Charakter der rettenden Christenliebe als den der
vergeltenden Gerechtigkeit und der polizeilichen Strenge
an sich tragen. Aber für jene erste Zeit der Wirksam=
keit der Gesellschaft war schon unendlich viel erreicht,
wenn nur kein Gefängniß ohne Schule, kein Jugend=
licher ohne christlichen Unterricht blieb.

Die Haft=Systeme.

„Wer erndten will, darf nicht in einen Sumpf
säen." Diese alte Landmanns= und Erzieher=Regel
mußte auch die Gefängniß=Gesellschaft beherzigen. Wohl
schickte sie Seelsorger, Lehrer und Gefangenen=Freunde
in die Kerker, wohl verbreitete sie Bibeln, Gesang= und
Gebetbücher unter den Gefangenen und sammelte sie zu
Gottesdienst und Unterricht; — allein wie konnten alle
diese Bemühungen ihr Ziel erreichen, wenn die Zustände
in den Einrichtungen der Gefängnisse den Erfolg eher
zu vernichten als zu befördern geeignet waren? Was

half Predigt und Seelsorge, Unterricht und Erziehung,
wenn vollständiger Müßiggang und Aufsichtslosigkeit,
wenn das Zusammenleben der vielleicht zur Besserung
Geneigten mit den vollendetsten Bösewichtern und der
Jugendlichen mit den ergrauten Verbrechern, wenn die
Greuel des losen Geschwätzes und der unbehinderten
Unzucht, wenn die mangelhafte Beschaffenheit der Lokale,
die Untüchtigkeit der Beamten, die falschen Grundsätze
der Disciplin, überhaupt die Vernachlässigung jeder hei=
ligen und heiligenden Zucht alle jene Einwirkungen,
welche von Predigt, Seelsorge und Unterricht ausgin=
gen, wieder zerstörten oder doch auf das Bedenklichste
beeinträchtigten? — Hier mußte die Gesellschaft eine
Reform anstreben, und wenn sie sich auch nicht berufen
fühlen konnte, die Pflichten, welche in dieser Beziehung
der Staat gegen die Sträflinge zu erfüllen hat, zu
übernehmen, so durfte sie doch die einflußreiche Stel=
lung, welche ihr vom Staate eingeräumt war, nicht
einnehmen, ohne wenigstens ihr Zeugniß für die Noth=
wendigkeit dieser Reform zu erheben und so lange zu
bitten und Vorstellungen zu machen, bis die Zustände
der Gefängnisse ihrer Bestimmung angemessener herge=
stellt waren.

Aber was sollte sie in dieser Beziehung als ihr
Ziel hinstellen? — Diese Frage war besonders in da=
maliger Zeit nicht leicht zu beantworten und harrt noch
heute ihrer befriedigenden Lösung.

Schon der Engländer Howard, den man mit
Recht als den Reformator des ganzen Gefängnißwesens
bezeichnet und der auf Grund seiner vielen Reisen und
Beobachtungen die Zustände der damaligen Gefängnisse
in England und andern Ländern in seinem berühmten
Werke: „der Zustand der Gefängnisse“ schilderte, hatte
auf das Verderbliche der üblichen gemeinschaftlichen
Haft hingewiesen und es durch seine Bemühungen da=
hin gebracht, daß im Jahre 1781 in einigen kleineren

Gefängnissen Englands die Einzelhaft, und zwar für alle Gefangenen ohne Unterschied, zur Anwendung gebracht wurde. Ungefähr gleichzeitig (im Jahre 1776) wurde in Amerika von den Quäkern zu Philadelphia eine Gesellschaft gegründet, welche sich die Aufgabe stellte, den Zustand der Gefängnisse zu untersuchen und zu verbessern. Nach einigen Unterbrechungen nahm diese Gesellschaft besonders seit dem Jahre 1786 ihre Arbeit mit großer Thatkraft in die Hand und ist noch heute wirksam. Sie brachte es dahin, daß durch ein Gesetz festgestellt wurde, daß die Gefangenen nach Geschlecht, Alter, Charakter und Arbeitsfähigkeit zu classificiren und für die unbändigsten unter ihnen besondere Zellen zu einsamer Haft herzurichten seien. In diesen Zellen sollten die Gefangenen weder Besuche empfangen dürfen noch beschäftigt werden; denn der Zweck der Einzelhaft sei, die Widerspenstigen zur Buße zu führen, und dazu eigne sich vorzugsweise die ungestörteste Einsamkeit und stille Betrachtung. Hingegen fordere es die Gerechtigkeit, daß diejenigen Sträflinge, welche zu einer gründlichen Buße gelangt seien, sofort begnadigt und aus der Haft entlassen würden. Die Gefängnisse sollten nach Ansicht der Quäker vorzugsweiße Bußhäuser sein, und sie ruhten nicht mit ihren Bestrebungen, bis im Jahre 1822 in zwei neuen Anstalten (auf Cherry-Hill bei Philadelphia und zu Pittsburg in Pennsylvanien) die Einzelhaft ganz nach ihren Anschauungen durchgeführt wurde, welch letztere daher gewöhnlich „das Pennsylvanische System" genannt wurden.

So großes Aufsehen diese Bestrebungen der Quäker machten und so lebhaft das Interesse für die Gefängnisse durch dieselben angeregt wurde, so fand ihr System doch schon damals von vielen Seiten heftigen Widerspruch. Man mußte den Pennsylvaniern freilich zugestehen, daß die Besserung der Gefangenen das Ziel

der Strafhaft sein müsse, aber man bestritt, daß jene
unthätige Einsamkeit der Zelle der rechte Weg zu die=
sem Ziele sei. Gewöhnung an die größte Ordnung,
ernste Thätigkeit und strenge Zucht, — das seien
die besten Mittel. Die Gefängnisse müßten vorzugs=
weise Arbeitsanstalten sein. Den sittlichen Gefahren
des Zusammenlebens müsse freilich vorgebeugt werden,
und zwar bei Tage durch absolutes Schweigen der
neben einander Arbeitenden, (welches nöthigen Falls
durch körperliche Züchtigung der Zuwiderhandelnden
herbeizuführen sei,) bei Nacht durch Unterbringung der
Gefangenen in isolirten Schlafzellen. Aber die Auf=
hebung aller Gemeinschaft der Gefangenen unter einan=
der sei eine unmenschliche Härte und eine Begnadigung
wegen stattgefundener Bekehrung nicht zu gewähren.
Namentlich in New=York und Massachusets fand
dieses System seine Anhänger; im Jahre 1797 wurde
der Bau eines Gefängnisses nach den Grundsätzen des=
selben beschlossen und in den Jahren 1819—1821 zu
Auburn bei New=York ausgeführt, woher das System
das Auburn'sche oder Schweigsystem genannt wor=
den ist.

Keins dieser beiden Systeme hat sich auf die Dauer
unverändert erhalten können. Die zum Theil sehr trau=
rigen Erfahrungen, welche man mit der pennsylvani=
schen Einzelhaft machte, führten im Jahre 1828 zu
der Abänderung, daß zwar die Einzelhaft für alle Ge=
fangenen beizubehalten, die Einsamkeit der Zelle jedoch
insofern zu beschränken sei, daß die Gefangenen täglich
von gottesfürchtigen und menschenfreundlichen Personen
besucht, in Religion und andern nützlichen Kennt=
nissen unterrichtet und auch mit geeigneter Arbeit
beschäftigt werden sollten. Das Auburn'sche
System hingegen, welches namentlich durch die im Ueber=
maß nothwendige Anwendung der körperlichen Züch=
tigung die Bedenken der Einsichtigen erregte, wurde

dahin gemildert, daß die Gefangenen nicht allein in den Pausen, sondern auch während der Arbeit über das, was auf die Arbeit selbst sich bezieht, sprechen durften. Doch fand das Schweigsystem trotz dieser Milderung keine häufige Anwendung und blieb fast nur auf Amerika beschränkt, während das Pennsylvanische System, obgleich in mannigfach veränderter Gestalt, allmälig fast bei allen civilisirten Nationen Eingang fand. Die Verschiedenheiten seiner Durchführung betreffen bald die Classen von Gefangnen, auf welche die Einzelhaft anzuwenden ist, bald die Zeitdauer der letztern, bald die größere oder geringere Strenge in den Einrichtungen derselben.

Wohl in den meisten Fällen wird die Einzelhaft mit der gemeinsamen Haft in eine gewisse Verbindung gesetzt, und auf dieser Verbindung beruht das neuere sogenannte irische Haftsystem. Nach demselben verbringen die Gefangenen nur eine kürzere Zeit (von 9 Monaten in Irland, von 12 bis 18 Monaten in England) in der Isolirzelle; sodann gehen sie in die Gemeinschaftshaft, in welcher Arbeitszwang herrscht, über und verbleiben in England in derselben bis zur Abbüßung ihrer vollen Strafhaft, wenn sie nicht entweder wegen hartnäckiger Widerspenstigkeit deportirt oder mit Rücksicht auf ihre eingetretene Besserung begnadigt werden. (Doch ist diese Begnadigung insofern nur eine bedingte, als sie wegen eines neuen Vergehens mit nachträglicher Abbüßung der vollen Strafzeit bestraft werden.)

An die gemeinsame Haft knüpft sich dann in Irland noch der Aufenthalt in der sogenannten Intermediär- (Zwischen-) Anstalt, welche den Gefangenen den Uebergang von dem Aufenthalt im Gefängniß zum Leben in der Freiheit erleichtern soll. In diesen Anstalten wird natürlich auch für Seelsorge, Unterricht, Arbeit und strenge Aufsicht Sorge getragen;

aber der Zwang wird mögl.chst wenig angewandt und die Zuverlässigkeit der Häuslinge in allerlei Weise z. B. durch Dienstleistungen außerhalb der Anstalt, Einkäufe, Botengänge u. dgl. auf die Probe gestellt. Es werden jedoch nur solche Sträflinge in diese Zwischenanstalten aufgenommen, welche den auf der ersten und und zweiten Stufe der Strafhaft an sie gestellten Forderungen bereits Genüge geleistet haben, und wenn sie sich auf dieser dritten Stufe nicht bewähren, so werden sie wieder in die zweite zurückversetzt. Es liegt auf der Hand, daß auch dieses Haftsystem sich in vielen Beziehungen sehr empfiehlt, und die Oldenburgische Strafanstalt Vechta hat dasselbe zuerst auf deutschen Boden herüber gepflanzt.

Eine Gefängniß-Gesellschaft, welche wie die Rheinisch-Westfälische ausdrücklich auch innerhalb der Gefängnisse eine Aufgabe zu lösen hat, kann sich der gewissenhaften Erwägung derartiger Strafhaft-Systeme und der Entscheidung für eins derselben nicht wohl erwehren. Sie muß ein bestimmtes Ziel ihres Wirkens vor Augen haben, und wenn es ihr auch nicht vergönnt sein sollte, dies Ziel vollständig und überall zu erreichen, so wird sie doch, um nicht in ein zerfahrenes und darum erfolgloses Wirken zu gerathen, die möglichste Verwirklichung desselben anstreben müssen. Die Rheinisch-Westfälische Gefängniß-Gesellschaft hat auch von vornherein diese Aufgabe erkannt. Manche ihrer Mitglieder suchten sich durch persönliche Anschauung von den Einrichtungen der Gefängnisse des In- und Auslandes zu überzeugen; der Ausschuß trat mit den Englischen, Holländischen und anderen Gesellschaften hierüber in Correspondenz, gründete eine Bibliothek, in welcher hervorragende Werke der Gefängniß-Literatur zur Benutzung der Mitglieder der Gesellschaft Aufnahme fanden, und suchte sowohl durch seine jährlichen Berichte als auch namentlich durch Eingaben bei den Behörden die Grundsätze, zu welchen sich die Gesellschaft bekannte, zur Geltung zu bringen und auf Grund derselben die nothwendig erscheinenden Abänderungen in den Einrichtungen der Gefängnisse herbeizuführen.

Allerdings sprach sich die Gesellschaft nicht wie ihre Vorgängerinnen in Philadelphia und New-York von vornherein für ein bestimmtes Haftsystem aus; sie verfuhr vielmehr Anfangs in richtiger Würdigung der Licht- und Schattenseiten der vorhandenen Systeme nach dem apostolischen Worte: „Prüfet Alles und das Gute behaltet!" und hat auch später je nach dem Stande der allgemeinen Erfahrungen auf diesem Gebiete und nach ihrer eigenen Ueberzeugung bald der einen, bald der andern Anschauung stärker sich zugeneigt. Auf ihre gesammte Entwicklung gesehen, hat sie jedoch die Einzelhaft auf ihr Panier geschrieben, (freilich nicht in ihrer ursprünglichen Pennsylvanischen Gestalt und nicht ohne Anerkennung der besonderen Vorzüge des Irischen Systems,) und hierin wurde sie gleich zu Anfang ihrer Wirksamkeit wesentlich bestärkt durch die Erfahrungen, welche Fliedner auf einer eigens im Interesse der Gefängniß-Sache nach England und Schottland gemachten Reise sammelte.

Fliedner's Reise nach England und Schottland.

Schon früher, im Jahre 1822/23 hatte Fliedner eine größere Reise nach Holland und England unternommen, um für seine durchaus arme und dem Untergang nahe Gemeinde den zu ihrem Fortbestande erforderlichen Kirchen-, Schul- und Armenfonds zu sammeln. Vierzehn Monate hatte er auf dieser beschwerlichen Reise zugebracht und nicht nur die nöthige Summe, sondern

auch viele unvergeßliche Eindrücke von der Werkthätig=
keit der in jenen Ländern bereits blühenden Bibel=,
Missions=, Gefängniß= und anderen Gesellschaften heim=
gebracht und die hervorragendsten Vertreter dieser Thä=
tigkeiten, einen Dr. Steinkopf, Robert Forster,
William Allen und auch Elisabeth Fry, „diese
Fürstin unter den Arbeitern des HErrn an den
Gefangenen", wie er selbst sie nannte, kennen gelernt.
Im Jahre 1827 machte er abermals eine größere Reise
durch Holland, Brabant und Friesland, um die dor=
tigen Vereine und Anstalten der christlichen Liebe kennen
zu lernen, und so konnte es ihm nur sehr willkommen
sein, als er nach gereisteren Erfahrungen im Jahre
1832 von der Rheinisch=Westfälischen Gefängniß=Gesell=
schaft abermals entsandt wurde, um die Gefängnisse
Englands und Schottlands zu besuchen und auf Grund
der gesammelten Erfahrungen die Ziele zu bestimmen,
welche die Gesellschaft zu verfolgen habe, und die Mit=
tel und Wege kennen zu lernen, durch welche sie die=
selben erreichen könne.

Wir bedauern, den Bericht, welchen Fliedner
über diese Reise in der General=Versammlung der Ge=
sellschaft am 27. Juli 1832 erstattete, nicht vollständig
hier mittheilen zu können; doch sei es gestattet, wenig=
stens das Wichtigste aus demselben wieder zu geben,
um daraus zu ersehen, mit welchem Auge Fliedner
das Englische Gefängnißwesen angesehen und welche
Gesichtspunkte sich für die Gesellschaft aus seinen Mit=
theilungen ergaben.

„Es ist bekanntlich erst seit 16 Jahren", — be=
ginnt Fliedner seinen Bericht, — „daß das britische
Gefängnißwesen, nachdem Howard's unermüdliches
Wirken für dasselbe fast wieder vergessen, wenigstens
ohne großen sichtbaren Erfolg geblieben war, sich aus
seiner traurigen Gestalt erhoben und viele wesentliche
Verbesserungen erhalten hat. Ein großes Verdienst

hierum hat vor allem eine edle Frau, Elisabeth Fry, eine Quäkerin, welche durch ihr aufopferndes Besuchen eines der furchtbarsten Gefängnisse Londons, Newgate, seit dem Jahre 1816, und durch ihre erstaunlichen Erfolge unter den Tiefgesunkensten ihres Geschlechts in demselben, sowohl die Behörden als auch das menschenfreundliche Publikum Englands zur Nachahmung antrieb. Ich habe das Glück gehabt, diese verehrungswürdige Frau vor einem Monat persönlich kennen zu lernen und ihr liebendes, christliches Wirken, sowohl in ihrem Familienkreise als unter den Gefangenen Newgate's, bewundern zu können, welchen sie noch immer im Verein mit einem Frauencomité wöchentlich einen Theil ihrer Zeit widmet. Sie hat mir im Namen des britischen weiblichen Gefängnißvereins Briefe an die Frauenvereine unsrer Gesellschaft zu Düsseldorf, Trier und Langenberg mitgegeben, mit welchen sie freundschaftliche Verbindung durch gegenseitige Mittheilung ihrer Bestrebungen anzuknüpfen wünscht.

Mit in Folge ihres Wirkens bildete sich im Jahre 1817 in London eine Gesellschaft für Verbesserung der Gefängnißzucht und die Besserung junger Verbrecher, welche allen andern Gefängnißgesellschaften Europa's vorgeleuchtet und die Entstehung vieler derselben veranlaßt hat. Auch unsre Gesellschaft freut sich, in mehrjähriger Verbindung mit ihr zu stehen, und ich habe neulich in London neue Beweise ihrer Freundlichkeit erhalten. Ihrer kräftigen Einwirkung verdankt man großentheils die mannichfachen Verbesserungen, welche das britische Gefängnißwesen in den letzten Jahren erfahren hat, sodaß viele Gefangenhäuser Englands und einige Schottlands jetzt vor unseren preußischen mehrere Vorzüge besitzen, obgleich sie gegen dieselben wiederum in einigen Punkten zurückstehen.

Zu den Lichtseiten des britischen Gefängniß-

wesens zählt dann Fliedner vornehmlich das vor=
treffliche Lokal, indem fast alle neuen Grafschafts=
und größeren Stadtgefängnisse Englands nach dem
Strahlenplane, „diesem unbestreitbar besten Bau=
plan für Gefangenhäuser", gebaut würden.

Diesem Plane zufolge seien 3, 4 oder 6 lange
Flügel um ein rundes Mittelgebäude gebaut,
in welchem die Wohnung des Verwalters sich befindet,
und von wo aus Dieser alle Flügel, sowie die zwischen
demselben liegenden Höfe übersehen könne. Jeder
Flügel, welcher, wie das Mittelgebäude, 3 Stock hoch
sei, werde der Länge nach durch eine innere Wand in
zwei ganz von einander geschiedene Theile gesondert.
Jeder dieser halben Flügel habe eine Tagstube, worin
sich die Gefangenen bei Tage aufhalten und zum Theil
arbeiten, einzelne Schlafstellen für jeden Gefangenen
und einen besonderen Hof. Im dritten Stock des
Centralgebäudes befinde sich die in so viel Abtheilungen,
als halbe Flügel da sind, durch Bretterwände geson=
derte Kapelle, in welche die Gefangenen über eiserne
Brücken unmittelbar aus ihren Flügelgebäuden eintreten.
— Die Reinlichkeit sei überall ausgezeichnet und hin=
reichend frische Luft durch viele Ventilatoren in den
Stuben und Gängen vorhanden. In den schottischen
Gefängnissen sei der Strahlenplan noch weniger ange=
wandt, überhaupt seien in denselben nicht so zahlreiche
Verbesserungen vorgenommen.

Zu den Lichtseiten der britischen Gefängnisse ge=
höre ferner die bessere Classification. In der
Regel gebe es nur zwei Arten Gefängnisse: Arrest=
häuser (gaols), worin die Untersuchungsgefangenen
und einige leichtere Sträflinge sich befinden, und Cor=
rectionshäuser (houses of correction oder bride-
wells), worin die correctionellen Sträflinge und die bis
zu zwei Jahren criminell Verurtheilten sich befinden.
Die meisten über zwei Jahre criminell Verurtheilten

würden theils auf die Gefangenschiffe (hulks) gebracht,
theils nach Australien deportirt, weßwegen es keine
Zuchthäuser gebe, ausgenommen das allgemeine Bes=
serungshaus (general Penitentiary) zu Millbank
bei London. — In allen größeren Gefängnissen seien
gewöhnlich die Untersuchungsgefangenen, die Sträf=
linge und unter diesen wieder die Schuldgefangenen
von den andern getrennt, in einigen auch noch die
Jugendlichen und die Landstreicher. Durch die
halben Flügelgebäude, die Tagstuben, die Höfe, die
Schlafzellen, die einsamen Strafkerker und die Son=
derung in der Kapelle werde die wohlthätige Einwir=
kung der Classification auf die Besserung der Gefan=
genen sehr befördert. Indeß bedürfe die Classification
auch in England noch immer einer bedeutenden Ver=
vollkommnung; denn auf die Rückfälligen werde noch
keine besondere Rücksicht genommen, auch seien noch in
27 Grafschaftsgefängnissen Wahnsinnige unter den
Gefangenen anzutreffen, wogegen zu Millbank, wel=
ches über 1000 einzelne Schlaf= und Wohnzellen habe,
eine strengere Classification stattfinde.

Eine dritte Lichtseite der englischen Gefängnisse
bestehe darin, daß nicht männliche Wärter, wie früher,
sondern nur Aufseherinnen nach einer Parlamentsakte
vom Jahre 1823 für Beaufsichtigung der weiblichen
Gefangenen angestellt werden dürften, und daß diesen
Aufseherinnen an vielen Orten christlich gesinnte Frauen=
comité's zum Behuf besserer Beschäftigung und religiö=
ser Pflege der Weiber und Mädchen zur Seite stehen.

Auch würden besondere Gefängnißgeistliche
für jedes größere Gefangenhaus von der Grafschaft
angestellt und besoldet.

Aber auch die Schattenseiten des englischen Ge=
fängnißwesens waren Fliednern nicht verborgen ge=
blieben. Dahin zählt er namentlich den Mangel an
hinreichender und zweckmäßiger leiblicher Arbeit.

Die Untersuchungsgefangenen seien meist ganz müßig, selbst die Sträflinge zum Theil, und zum Theil bloß mit Wergzupfen oder auf der Tretmühle, selten aber mit Weben oder andern nach der Entlassung ihnen zum Erwerb dienlichen Arbeiten beschäftigt. Namentlich sei das meist ganz nutzlose Arbeiten auf der Tretmühle eine durchaus unwürdige, unnütze und darum die Gefangenen erbitternde Arbeit, welche von vielen ausgezeichneten Gefängnißverwaltungen in England selbst verworfen und in Glasgow gar nicht, in Cambridge bloß für die Männer in Anwendung gebracht werde. Auch fehle es in den meisten Gefängnissen an hinreichendem Schulunterricht, in manchen finde gar keiner statt, und für die entlassenen Gefangenen werde fast keine Sorge getragen, weder um ihnen ein Unterkommen zu verschaffen, noch um dieselben zu beaufsichtigen. Nur in einzelnen großen Städten, wie London, Liverpool u. s. w. finde sich eine Art von Asylen (Refuges for the destitute), Arbeitsanstalten für solche hoffnungsvolle Entlassene, welche des Unterkommens und der Arbeit entbehren, wo sie Obdach und Arbeit finden, bis ihnen ein ehrliches Unterkommen ausgemittelt worden. Diesen Mangel an Entlassenen-Pflege fühle man auch mehr und mehr in England, so daß sich vor Kurzem eine canadische Colonisations-Gesellschaft gebildet habe, um hülflose Arme und Entlassene nach dem britischen Nordamerika überzusiedeln.

Ausgezeichnet und ehrenvoll sei übrigens die Berücksichtigung, welche die britische Gefängniß-Gesellschaft von Seiten der Regierung genieße. Sie habe großen Einfluß auf die Criminalgesetzgebung und die Gefängnißordnungen geübt, auch zur Aufhebung der Todesstrafe für Schaf- und Pferdediebstahl, welche kürzlich mittelst Parlamentsakte erfolgt sei, mitgewirkt, und ihr Präsident, der hochgeachtete Banquier Samuel Joarr,

welcher zugleich Sherif sei, habe die Leitung des Baues
des neuen großen Gefangenhauses zu Westminster für
600 Gefangene erhalten, eines Gefängnisses, welches ein
Mustergefängniß zu werden verspreche, da alle Erfah=
rungen des neuesten Gefängnißbauwesens hiebei benutzt
werden sollten.

Es konnte natürlich nicht fehlen, daß die von
Fliedner gesammelten Erfahrungen und Beobachtun=
gen ihm selbst und der Rheinisch=Westfälischen Gefäng=
niß=Gesellschaft ein mächtiger Sporn waren, nach dem
Vorbilde der Engländer, Schotten und Holländer auch
in Deutschland auf die Verbesserung der Einrichtungen
in den Gefängnissen hinzuwirken, und wenn die Gesell=
schaft auch nicht daran dachte, das Fremde unbedingt
nachzuahmen und mit seinen Schattenseiten auf den
heimischen Boden zu verpflanzen, so hatte sie doch in
den ausländischen Einrichtungen viel Gutes und Zweck=
mäßiges anzuerkennen, das auch für die deutschen Ge=
fängnisse von segensreichem Einflusse werden konnte,
und wir sehen sie deshalb beständig thätig, eine Umge=
staltung der Gefängnißzustände nach den besten heimi=
schen und auswärtigen Mustern herbeizuführen.

"Pflüget ein Neues, und säet nicht
unter die Hecken!" Jer. 4, 3.

Offenbar schwebte der Gefängniß=Gesellschaft von
ihrer Gründung an die Aufgabe, auf eine völlige Um=
wandlung der Gefängnisse nach dem Systeme der Ein=
zelnhaft hinzuwirken, als ihr Ideal vor Augen. Schon
der große Ernst, mit welchem sie — wie früher erwähnt
— gleich in den ersten Jahren den Plan eines Muster=
Gefängnisses für weibliche Gefangene nach diesem
Systeme ausarbeitete und im Jahre 1829 den König
in einer Immediat=Eingabe ersuchte, denselben in irgend

einer größeren Stadt der Rheinprovinz zur Ausführung bringen zu lassen, würde hierfür Zeugniß ablegen; und noch klarer geht dies aus der warmen Befürwortung hervor, mit welcher die Gesellschaft bei jeder Gelegenheit für dieses System öffentlich auftrat. So bereitwillig aber der König persönlich und auch viele hochgestellte Staatsmänner auf diese Ideen eingingen, so konnte die Durchführung derselben doch erst sehr allmälig und namentlich bei Gelegenheit der Gefängniß-Neubauten gehofft werden, und so tief die Gesellschaft davon durchdrungen war, daß eine wirkliche Besserung des Gefängnißwesens nur von einer „Reformation an Haupt und Gliedern", d. h. von einer völligen Neugestaltung desselben zu erwarten sei, so mußte sie sich doch in den ersten Jahrzehnden ihrer Wirksamkeit darauf beschränken, in den vorhandenen Gefängnissen so viel wie möglich diejenigen Grundsätze zur Geltung zu bringen, welche ihr als die ersprießlichsten erschienen.

Was die Gefangenhäuser selbst betrifft, so haben wir schon oben mitgetheilt, wie die Regierungen auf ihren Antrag fast in allen größeren Gefängnissen Betsääle und Kapellen herzurichten bemüht waren, für Wohnungen der Geistlichen und Lehrer zum Theil in den Gefängnissen sorgten und an manchen Orten (Düsseldorf, Bonn, Elberfeld u. a.) bedeutende Um- oder Neubauten vornahmen. Schon im Jahre 1841 konnte berichtet werden, daß während der 14 Jahre des Bestehens der Gesellschaft allein auf die Zucht- und Arresthäuser der Rheinprovinz an Baukosten ungefähr 350,000 Thlr. vom Staate verwandt wurden, und daß in dieser Summe 187,385 Thlr. einbegriffen seien, welche allein für den Neubau zu Cöln verausgabt wurden. Diese Bauten waren zum Theil auf unmittelbare Anregung der Gesellschaft ausgeführt; und auch da, wo eine solche sich nicht nachweisen läßt, darf doch eine mittelbare Einwirkung derselben angenommen werden,

6*

wie es die Königliche Cabinetsordre vom 24. Juli 1837
auf's Bereitwilligste mit den Worten anerkennt:

> „Schon die Existenz solcher Vereine (für die
> Besserung der Gefangenen) spornt die Lokalver=
> waltungen und die sonst für die Anstalten ver=
> antwortlichen Organe; und auch die entfernter
> stehenden Aufsichtsbehörden können aus ihren
> wohlgemeinten Bemerkungen und Vorschlägen recht
> viel Nutzen ziehen, ohne die praktische Tendenz
> solcher Anstalten, und das, was sie nach ihren
> Bestimmungen nur sein können und sollen, aus
> dem Auge zu verlieren."

Ein wahres Ringen mit den verzweifelten Zustän=
den der damaligen Gefängnisse zeigte die Gesellschaft
auch hinsichtlich der Classification der Gefangnen.
Wie man sich wundern dürfe, — fragt ein Berichter=
statter, — daß die eifrigsten Bemühungen der Seelsor=
ger und Lehrer in den Gefängnissen noch nicht die ge=
wünschte Frucht brächten? — Der „**seelenverderb=
liche** Mangel an Classification und Iso=
lirung" trage eine Hauptschuld davon, indem durch
die Zusammensperrung vieler Gefangenen von den ver=
schiedensten sittlichen Stufen und Lebensaltern in einen
Raum bei Tag und Nacht das Laster eine „furcht=
bare Collectivgewalt" auch über viele Bessere
erringe und die meisten durch Predigt und Seelsorge
empfangenen heiligen Eindrücke wieder vernichte. Um
diese finstere Gewalt wenigstens einigermaßen zu brechen,
waren die Bestrebungen der Gesellschaft ununterbrochen
darauf gerichtet, innerhalb der bestehenden Gefängnisse
eine möglichste Scheidung der Gefangnen nach Geschlecht,
Alter und dem Grade der sittlichen Verdorbenheit, wo
es anging, auch nach den Confessionen, herbeizuführen.
In Düsseldorf wurden schon 1831 die Jugend=
lichen nur noch mit den besseren Gefangenen auf einem
Saale untergebracht und ein Jahr später bezogen die

Weiber den separirten Flügel eines neu erworbenen Gefangenhauses. Namentlich bei Nacht wurde die Classification ganz nach den Grundsätzen der Gesellschaft durchgeführt, und seit dem Jahre 1834 gab es für die Abbüßung der Disciplinarstrafen besondere Isolirkerker. In Trier wurden die Verworfensten völlig von den Uebrigen gesondert und in einem Saale gesammelt. In Werden trennte man seit 1832 die in Correctionsstrafe verurtheilten Individuen von den Criminal-Verbrechern und ging im Jahre 1834 dazu über, alle Correctionsgefangnen aus der Anstalt zu entfernen und dieselben gegen die Criminalgefangenen anderer Gefängnisse auszutauschen, welche nun sämmtlich dort Aufnahme fanden. Die dort befindlichen 220 männlichen Sträflinge wurden in 3 Classen eingetheilt; jede bessere Classe erhielt auch bessere Räumlichkeiten; die Zwangsarbeits-Sträflinge kamen gleich in die 3. Classe; die Reclusionssträflinge versuchsweise in die zweite; die Hausarbeiter durften nur aus der ersten Classe genommen werden. Die Aufnahme in eine höhere Classe geschah mit einer gewissen Feierlichkeit und Zuziehung des Polizei-Inspektors und Geistlichen an Sonn- und Festtagen nach beendigtem Gottesdienste. In Cöln wurden wenigstens die Schuldgefangenen von den übrigen Gefangenen gesondert. In Münster und Herford wurden schon 1834 die Gefängnisse blos deshalb bedeutend erweitert, um die vom Oberpräsidenten von Vincke auf's Lebhafteste vertretene Classification durchführen zu können. Auch wurden von damals an die Zuchthäusler nach ihrer Confession derartig geschieden, daß die Evangelischen sämmtlich nach Herford, die Katholischen aber nach Münster gebracht wurden. — Traurig sah es hinsichtlich der Classification in der Strafarbeitsanstalt Brauweiler aus; doch wurde auch dort im Jahre 1834 eine besondere Classe, wenigstens für die Rückfälligen eingerichtet, da es sich gezeigt hatte, daß unter 377 Ankömmlingen im Jahre 1833 nicht weniger als 142 Rückfällige sich befanden. — In Cleve trennte man ebenfalls die Untersuchungs-Gefangenen von den übrigen und theilte die Männer in solche, welche wegen leichterer Vergehen zu kürzeren Corrections- und Polizei-Strafen, und solche, welche wegen schwerer Vergehungen zu längerer Correctionsstrafe verurtheilt waren. — In Coblenz und Paderborn fanden sich die nöthigen Räume zur vollständigen Durchführung der Classification nach den Grundsätzen der Gesellschaft, während umgekehrt in Elberfeld lange Zeit nicht einmal die nöthige Trennung der Geschlechter und die Absonderung der Jugendlichen von den Erwachsenen aus Mangel an Raum völlig durchgeführt werden konnte und erst das Jahr 1839 durch den Neubau des Arresthauses Abhülfe für diese schreienden Uebelstände brachte.

Mit Recht durfte die Gesellschaft bei Gelegenheit ihrer General-Versammlung im Jahre 1841 sagen: „Wer unsre Gefangenhäuser vor 14 Jahren gesehen, in welchen die Gefangenen in engen, ungesunden Räumen größtentheils unbeschäftigt und sich selbst überlassen durcheinander saßen, und jetzt eines derjenigen unsrer Gefangenhäuser besucht, in welchen die Gefangenen in hinlänglichen Räumen, disciplinarisch classificirt, auch nach Erforderniß isolirt, aber alle beschäftigt sind, der kann in allen diesen Beziehungen die sichtbaren Fortschritte unmöglich verkennen."

Das zeigte sich namentlich auch hinsichtlich der Beschäftigung der Gefangenen. Der Fluch des Müßiggangs, — der eine Pest schon für den freien Menschen ist und wie vielmehr für den Gefangenen! — trat den Freunden der Gefangenen überall so grell entgegen, daß sie in jeder irgend möglichen Weise für Beschäftigung derselben zu sorgen unternahmen. In Düsseldorf und an andern Orten, wo Frauen-

vereine bestanden, waren diese namentlich für die
Beschäftigung der Weiber thätig, schafften selbst z. B.
Flachs in großen Quantitäten an, beaufsichtigten die
Arbeit · durch fleißigen Besuch des Gefängnisses und
brachten es dahin, daß keine weibliche Gefangene ohne
besondere Noth unbeschäftigt war. Auch von den 1167
Männern, welche im Jahre 1831 durch das Gefängniß
hindurch gingen, blieben nur 84 unbeschäftigt, (die meisten von ihnen wegen Kränklichkeit und Alter,) während
freilich etwa die Hälfte der Beschäftigten nur das halbe
Pensum arbeiten konnten. Für die Knaben wurde als
Beschäftigung außer den Schulstunden das Flechten von
Pantoffeln aus Tuchenden eingeführt. Hier sorgte man
auch zuerst dafür, daß bis Abends 8 Uhr im Winter
bei Licht gearbeitet wurde, und ließ den Entlassenen
ihren Ueberverdienst durch die Civilbehörde zufließen.

Der Erfolg war ein sehr erfreulicher. Viele Gefangenen, die ohne einen bestimmten Nahrungszweig
in's Gefängniß kamen, verließen dasselbe mit der Fähig-
keit, eine gute Profession zu treiben; und während die
Durchschnittszahl der täglich Beschäftigten im Jahre
1828: 96, im Jahre 1830: 115, im Jahre 1832:
117 betrug, belief sich dieselbe im Jahre 1834 bereits
auf 183. — Im Jahre 1836 richtete man eine besondere Stube für die Ingendlichen ein, um dieselben
unter Aufsicht besserer Gefangenen in einem eigentlichen
Handwerk unterweisen zu lassen; und für die Erwachsenen wurde eine Holzschneiderei eingerichtet, bei
welcher sie täglich 2 Sgr. Ueberverdienst erwerben
konnten.

In Cöln führte ein eifriger Director allein im
Jahre 1833 folgende neue Arbeitszweige ein: eine Holzschneiderei für größeres Bauholz, eine Traßklopferei,
Strumpfweberei, Buchbinderei und eine Baumwollen-
weberei bei den Weibern. Der Arbeitsverdienst betrug
3300 Thlr., wovon den Gefangenen ein Ueberverdienst

von 817 Thlrn. zufloß. — In Cleve erarbeitete jeder
Gefangene im Jahre 1838 durchschnittlich 4 Thaler
Ueberverdienst, welche ihm bei seiner Entlassung zur
eigenen Verwendung mitgegeben wurden. — So war
es in den meisten Gefängnissen, nachdem die Gefängniß=
Gesellschaft kaum 15 Jahre ihrer Wirksamkeit zurückge=
legt hatte, und wenn hie und da, z. B. in Arnsberg,
Wesel und Elberfeld, noch lange Zeit darüber geklagt
werden mußte, daß eine Beschäftigung der Gefangenen
gar nicht oder doch nur spärlich stattfinde, so lag dies
fast allein an der Ungeeignetheit der Gefängnißlokale.

Der wohlthätige Einfluß der Classification und
Beschäftigung auf die Gefangenen machte sich sehr bald
fühlbar. Hatte z. B. früher in dem Gefängniß zu
Cöln die Ordnung in den 50—60 Insassen zählenden
Sälen nur vermittelst der Peitschenstrafe aufrecht erhal=
ten werden können, so wurde diese allmälig überflüssig
und es gelang den aus den Gefangenen selbst gewähl=
ten „Zimmer=Aeltesten", mit viel gelinderen Mitteln
sich Gehorsam zu verschaffen. Auch in Düsseldorf
wurde eine 48stündige Isolirung im finstern Kerker die
höchste Strafe, die der Inspektor zu verhängen brauchte.
Selbst das Schweigsystem, das zunächst in Wer=
den und dann in allen Criminal=Gefängnissen, hie und
da auch in den andern Gefängnissen auf höheren
Befehl eingeführt war, wurde den Gefangenen dadurch
erträglicher, daß die Arbeit ihnen einen Ersatz für die
Unterhaltung bot und es ihnen gestattet blieb, über die
zur gemeinsamen Arbeit gehörigen Dinge zu reden.
Und war es nicht eine heilsame nothwendige Folge der
angestrebten Classificirung, wenn in Werden und an
anderen Orten allmälig jeder Gefangene sein beson=
deres Bett erhielt, in den gemeinsamen Schlafsälen
durch Verschläge die einzelnen Bettreihen von einan=
der getrennt wurden und in Herford jede Classe ihre
besonderen Tag= und Nachtsäle erhielt? Deßglei=

chen, wenn in Cleve und den meisten größeren Ge=
fängnissen auch beim gemeinsamen Gottesdienste eine
völlige Trennung der Geschlechter herbeigeführt oder
die Weseler Baugefangenen sämmtlich dem neuen
Zuchthause zu Cöln überwiesen wurden?

Es ruhte ein sichtbarer Segen auf den Bemühun=
gen der Gesellschaft auch in dieser die äußeren Einrich=
tungen betreffenden Angelegenheit, und wie sehr diesel=
ben auch von anderer Seite anerkannt wurden, durfte
die Gesellschaft im Jahre 1840 erfahren.

Im Mai dieses Jahres erlebte nämlich der Aus=
schuß die Freude, daß die edle Frau von europäischem
Rufe, welche die Fürsorge für die Gefängnisse zu ihrem
Lebensberufe gemacht hatte, Mistreß Elisabeth Fry
aus London, das Düsseldorfer Gefängniß mit ihrem
Besuche beehrte. Von einer Deputation des Ausschusses
begrüßt, besuchte sie in Begleitung einiger Mitglieder
des Frauenvereins und des Ausschusses zu mehreren
Malen das Arresthaus, ließ sich in die sämmtlichen Ge=
fängnisse führen, redete die Gefangenen mit Hülfe eines
Dolmetschers an und machte auf dieselben durch ihre
eindringlichen Vorstellungen und höchst ehrwürdige Er=
scheinung einen so sichtbar tiefen und lebendigen Ein=
druck, daß selbst die Roheren unter ihnen davon ergiffen
und gerührt waren. Auch ließ sie den Geistlichen der
Anstalt mehrere kleine Schriften zurück, um dieselben
unter den Gefangenen zu vertheilen oder vorzulesen.
Einer Versammlung des Frauenvereins wohnte sie per=
sönlich bei.

Die Bemerkungen einer solchen Beobachterin, welche
Hunderte von Gefängnissen verglichen hatte, über den
Befund einer deutschen Anstalt waren gewiß nicht ohne
großes Interesse, und da sie von dem Regierungspräsi=
denten zu einer freimüthigen schriftlichen Aeußerung
hierüber aufgefordert wurde, so tadelte sie zwar unter
Anderem, daß die Strafkerker zu eng und daß Nahrung

und Kleidung etwas zu dürftig bemessen erschienen, rühmt aber sodann die gute Ordnung und Reinlichkeit, in welcher sie die Anstalt vorgefunden, äußerte ihre besondere Freude darüber, daß die weiblichen Gefangenen unter der Aufsicht einer tüchtigen weiblichen Aufseherin ständen, und hob mit großer Anerkennung den vielen Nutzen hervor, welchen die Gesellschaft dem Gefängnisse gebracht habe.

Ein solches Zeugniß aus dem Munde der so hochgefeierten „Fürstin unter den Gefangenen = Freunden" mußte für die Gesellschaft eine Stärkung und Erquickung sein, und daß sie derselben bedurfte, wird uns ein Blick auf ein anderes Feld ihrer Thätigkeit zeigen.

Bittet den HErrn der Erndte, daß Er Arbeiter in seine Erndte sende! Matth. 9, 38.

Zu den größten Uebelständen in den Gefängnissen gehört die mangelhafte Beschaffenheit des Beamten = Personals. Schon unter den höheren Beamten finden sich Manche (es mag dies nach den obwaltenden Verhältnissen unvermeidlich sein), welche weniger zufolge eines innern Berufs, als durch äußere Umstände genöthigt, den so verantwortungsvollen Posten eines Gefängniß = Directors oder Inspectors bekleiden, und denen nicht nur eine wahrhaft christliche Gesinnung, sondern auch die nöthige Vorbildung für ihr Amt abgeht. Gehören diese Fälle aber bei den höheren Beamten (wenigstens in Preußen) zu den selteneren, so ist hingegen die Klage über schlechte Qualification der unteren Beamten, namentlich der Gefangenwärter und Wärterinnen, fast allgemein; und wie laut

und oft sie erhoben wurde, — eine gründliche Abhülfe
ist noch nicht gefunden.

Der Uebelstand ist freilich nur zu erklärlich, wenn
man den Beruf und die äußern Verhältnisse
dieser Wärter näher ansieht. Schon das hält leicht
die besseren Kräfte von der Wahl dieses Berufes zurück,
daß mit demselben unleugbar in den Augen der Menge
eine gewisse Schmach verbunden ist, welche von den
Verbrechern auf Alle, die mit ihnen in nähere Berührung treten, zurückfällt. Die öffentliche Meinung hat
ein gewisses Grauen vor diesem Dienste, als übertrage
sich etwas von der Epidemie des Lasters auf diejenigen,
welche mit seiner Züchtigung und Bändigung beauf-
tragt sind. Das ist allerdings ungerecht; — man sollte
wenigstens zwischen Denen, die sich von jener Epidemie
wirklich anstecken lassen, und Denen, welche aus Pflicht
und Gewissen an den Gefangenen arbeiten, einen him-
melhohen Unterschied machen und zumal die Männer,
die um Gottes willen sich diesem Dienste weihen, zwie-
facher Ehre werth halten. Aber das Vorurtheil besteht und übt auch auf Bessergesinnte seinen abschrecken-
den Einfluß. Ein andrer Grund, warum sich so Viele
von diesem Dienste zurückhalten lassen, ist das große
Opfer an persönlicher Freiheit, welches diese
Beamten bringen müssen. Man denke sich einen Dienst,
der sie von Morgens früh bis Abends spät ununterbrochen fast von allem Verkehr mit der Außenwelt ab-
sperrt, ihnen mit Ausnahme der kurzen Mittags- und
Abendfristen auch jeden Umgang mit ihrer Familie ab-
schneidet, sie einer steten und scharfen Controle der Vorgesetzten unterwirft, oft einen ganzen Monat hindurch
auch zum Schlafen im Gefängniß verurtheilt und nur
selten ihnen einen halben Tag Freiheit vergönnt, so
daß sie so zu sagen die unfreie Lage ihrer Pflegebefohlenen beständig theilen müssen; — ist es zu verwun-
dern, daß man sich besinnt, in solch einen Dienst ein-

zutreten und daß für gewöhnlich nur die äußere Noth
zu seiner Uebernahme willig macht? — Und könnte
noch die Aussicht auf ein reichliches oder doch auskömm=
liches Gehalt die Aspiranten locken! Aber 180 Thlr.
Gehalt nebst Miethsentschädigung für den Anfang und
auf der höchsten Stufe, wenn man's nicht etwa zum
Hausvater oder Oberaufseher bringt, 250 Thlr., —
wie könnte ein so geringes Einkommen für alle Ent=
behrungen dieses Dienstes entschädigen! — Die ab=
schreckendste Seite desselben aber ist die Aussicht, viel=
leicht lebenslang mit dem sogenannten „schlechtesten
Gesindel", dem „Auswurf der Menschheit", oder wie
man sonst die Gefangenen zu betiteln pflegt, verkehren
zu müssen. Die pharisäische Welt, die diese Ausdrücke
so gern gebraucht, vergißt zwar dabei, daß es auch
unter den Gefangenen eine Sinnesänderung gibt und
daß die Grenze zwischen dem schlechten Gesindel inner=
halb und außerhalb der Gefängnisse eine sehr fließende
ist. Aber es läßt sich nicht leugnen: der stete Umgang
mit Gefangenen und Züchtlingen hat etwas Zurück=
stoßendes und sogar sittlich Gefährliches an sich. Mit
Recht sagt ein Mann, der die Aufseher = Frage mit be=
sonderer Vorliebe vertreten hat:*) „Zwang und Eisen
brechen den Willen noch nicht. Das Gesetz für sich
allein richtet Zorn an. Die Schmach reizt zur Selbst=
entschuldigung, zur Verachtung der Mitmenschen, zum
Hohn und zur Frechheit; der Zwang zum Trotz und
Widerstreben, zur Verstellung und Tücke. Und an wem
lassen die Gefangenen alle diese Gemüthsbewegungen
aus? Wer ist der Feind, mit dem sie den Krieg aus=
fechten, in den sie mit der ganzen Menschen=Gesellschaft

---

*) Superintendent R. Schultze in Potsdam, vormals Agent
der Rheinisch=Westfälischen Gefängniß=Gesellschaft, in seiner Bro=
chüre: „Wer soll Gefangenwärter werden? — Ein offener Brief
an Preußische Unterofficiere." Düsseldorf 1862 Im Selbst=
verlage der Gesellschaft.

gerathen sind? Wer anders als der arme Aufseher, der die Obrigkeit vertritt, die ihnen ihr Leid zufügt, der den Zwang ausübt und ihren Gelüsten überall hindernd in den Weg tritt? Und dieser Aufseher ist auch ein Mensch, hat eine Galle im Leibe, die gar leicht überläuft, hat seine schwachen Seiten und kann leicht betrogen und überlistet werden; er schwankt zwischen der Furcht vor den Vorgesetzten, die ihn für Alles verantwortlich machen, und der Furcht vor den Gefangenen, die ihm das Leben noch mehr zu verbittern drohen. Wie mancher Aufseher führt ein jämmerlich Leben Jahr aus Jahr ein in seinem Berufe, für den er niemals getaugt; hat sich daran gewöhnt, den Dienst zu thun mit finsterm Gesichte, mit Schelten und Fluchen, ohne ein Herz für die Leute, um derentwillen er lebt, ohne eine Spur von Eifer und Freudigkeit für seine Arbeit; hat sich daran gewöhnt, gehaßt, gehöhnt und betrogen zu werden, und kennt keinen andern Trost, als daß es ihm nicht schlimmer gehe als seinen Genossen! Wie viele frische Leute sind in solchem verfehlten Berufe verkommen, roh und herzlos geworden, haben sich das Trinken angewöhnt, um den Aerger hinunter zu schwemmen, und sind schlimmer geworden als die meisten ihrer Züchtlinge! Wie viele Aufseher gibt es, die von schlauen Sträflingen umgarnt, ihre Hände mit ihnen unter Eine Decke gesteckt, als betrogene Betrüger ihr Gewissen befleckt, sich dadurch allen Respekt für immer vergeben und sich zu Sclaven ihres bösen Gewissens und ihrer Mitwisser gemacht haben!"

Faßt man alle diese Verhältnisse zusammen, so kann darüber, daß der Beruf des Gefangen=Aufsehers zu den schwierigsten unter allen Berufsarten gehört, wohl keine Frage sein; und wie es begreiflich ist, daß eine Menge von Beamten in diesen Dienst nur nothgedrungen und wenig geeignet eintritt, so ist es noch viel erklärlicher, daß eine noch größere Zahl in den

Gefängnissen selbst dem Druck und den Gefahren ihrer Stellung unterliegt.

Auch die Rheinisch-Westfälische Gefängniß-Gesellschaft faßte diesen Schaden der Gefängnisse vom Beginn ihrer Thätigkeit an scharf in's Auge. Ein Uebelstand, den sie gleich von vornherein bekämpfte und nach und nach durch unaufhörliche Vorstellungen bei den Behörden auch beseitigte, war die Beaufsichtigung der weiblichen Gefangenen durch ein männliches Wärter-Personal. Die schärfste Controle der Vorgesetzten konnte die sittlichen Nachtheile dieser unnatürlichen Einrichtung nicht verhüten; darum drang die Gesellschaft schon im Jahre 1828 auf vollständige Absonderung der 40 Weiber im Gefängniß zu Düsseldorf von den männlichen Gefangenen und auf Anstellung einer Wärterin, welche sie selbst auswählte und eine Zeit lang besoldete; ebenso 1832 in Cöln, wo sie mehrere Jahre lang die Hälfte des Gehalts der Wärterin zahlte; 1836 in Coblenz, Herford u. s. f. Später sind auf ihren Vorschlag vielfach die katholischen Ordensschwestern und evangelischen Diaconissen (z. B. in Hamm) in diese hochwichtige Arbeit eingetreten, und soviel wir erfahren konnten, zu großem Segen für die Gefangen-Anstalten.

Da den Aufsehern durch die von der Gesellschaft angebahnte Classification der Gefangenen, die Hausandachten und die vermehrte Beschäftigung der Gefangenen eine bedeutende Mehrarbeit erwuchs und es der Gesellschaft daran liegen mußte, die Aufseher für ihre Bestrebungen freundwillig zu erhalten, so verabreichte sie (natürlich unter Zustimmung der Behörden) nicht selten kleine Gratificationen an solche Wärter, die sich besonders auszeichneten. Sie veranlaßte es, daß ihnen zur Erleichterung und besseren Beaufsichtigung der Arbeiten der Gefangenen technisch gebildete Werkmeister zur Seite gestellt wurden; petitionirte um Erhöhung ihrer Gehälter; um Anstellung besonderer

Hausväter (z. B. im Zuchthause zu Werden, 1834), ermunterte sie in ihrem schweren Dienste durch die Besuche, welche die Vorstände monatlich und manche Freunde und Freundinnen der Gefangenen noch öfter in den Gefängnissen abstatteten; suchte ihren Diensteifer durch die Conferenzen zu beleben, welche Directoren und Geistlichen mit den Aufsehern veranstalteten, um die dienstlichen Angelegenheiten zu besprechen und zu ordnen; wirkte darauf hin, daß die Aufseher sich aus den besseren Gefangenen die geeigneten Leute als Hülfsaufseher heranbildeten; — kurz, was irgend von Seiten der freien Liebesthätigkeit auf diesem so schwierigen Gebiete geschehen konnte, das wurde schon in den ersten Jahrzehnden ihrer Thätigkeit von der Gesellschaft eifrigst angebahnt.

Aber die Klagen, daß es trotz allen Bemühungen noch sehr am rechten Aufseher-Personale fehle, ziehen sich durch alle Verhandlungen der Gesellschaft bis in die neueste Zeit hindurch. „Wie kann unsre Arbeit den rechten Erfolg haben", — klagt die Direction und die Geistlichkeit des Gefängnisses zu C. im Jahre 1846, — „so lange die Sträflinge nicht unter Aufsicht charakterfester und wahrhaft christlich gebildeter Aufseher gestellt werden? Ohne das werden die Bemühungen und Einwirkungen der Seelsorger zur Bekehrung der Züchtlinge nicht ausreichen." In einem Bericht vom Jahre 1848 heißt es: „An einer Vorbildung der Gefangen-Aufseher hat es bisher leider gänzlich gefehlt. Sie werden aus den versorgungsberechtigten Militairs entnommen, ohne daß auf eine specielle Heranbildung zu diesem Berufe, was doch insbesondere bei den Krankenwärtern noth thut, Bedacht genommen wird. Da es nicht an Privatunternehmungen zur Ausbildung solcher Wärter fehlt, so werden hoffentlich die Staatsbehörden dieses Bedürfniß recht bald zu Herzen nehmen." Ebendaselbst heißt es auch: „Es ist unerläßlich, daß der innere

Dienst der Zellen=Gefängnisse unter zweierlei Arten von Wärtern vertheilt werde: moralische Wärter und materielle Wärter. Es ist zweckmäßig, daß diese sogenannten moralischen Wärter für diesen Beruf durch ein Noviziat ausgebildet werden, welches ihnen den wünschenswerthen Unterricht und Zuneigung für ihre Bestimmung beibringt. Der Staat kann zur Concurrenz bei dem Werke der moralischen Besserung der Gefangenen die betreffenden religiösen Gesellschaften und die Gesellschaften zur Fürsorge für die Gefangenen einladen. Für die gewöhnlichen Lebensbedürfnisse in den Zellen haben die materiellen Wärter unter gehöriger Controle zu sorgen." Im Jahre 1849 sagt der Generalbericht: „Eine in vielen Berichten erhobene Klage bezieht sich auf das Gefängnißwärter=Personal. Die Aufseherstellen werden mit versorgungsberechtigten Unterofficieren ohne Auswahl besetzt. Wenn zu diesen wichtigen Aemtern nur christlich gebildete Männer, Brüder einer christlichen Genossenschaft oder Diaconen genommen würden, so würde an solchen Aufsehern das Herz des Gefangenen eine liebende Stütze und ein theilnehmendes Herz finden, während ihnen jetzt häufig die äußerste, verletzendste Rohheit und Gemeinheit, ja Brutalität mit Trunkenheit gepaart begegnet und das schon zum Haß und zur Bitterkeit geneigte Herz nur um so mehr verbittert." Im Jahre 1850 wird der Wunsch ausgesprochen, die Regierung darauf aufmerksam zu machen, wie dringend nothwendig und wünschenswerth es sei, daß die Gefängniß=Aufseher und Wärter (namentlich in C.) in finanzieller Beziehung so zu stellen seien, daß sie nicht gleichsam auf das sogenannte Schmuggelsystem (Einschmuggelung von allerlei Genußgegenständen als Tabak, Branntwein u. dgl. gegen Trinkgelder von Seiten der Gefangenen) hingewiesen würden. Ein Geistlicher klagt: „Wenn es mit den Gefängnissen besser werden soll, die bisher nur Straf=

anstalten gewesen, aber in Wahrheit Zucht=, d. h.
Erziehungs=Häuser werden sollen, worin nicht blos
das Böse gestraft, sondern mit der Strafe zugleich ab=
gethan werden soll, um dem Guten wieder die Ober=
hand im Menschen zu verschaffen, so müssen wir Wär=
ter haben, die nicht blos den Corporalstock führen, son=
dern mit der Liebe Gottes auch die Gewissen wecken
und trösten können, an denen die Gefangenen Muster
freudigen Gehorsams, selbstverleugnender Liebe, demü=
thiger Unterwerfung unter Gottes Wort vor sich haben.
Gott wolle darein sehen, und wer beten und helfen
kann, dieser so hochwichtigen Sache mit ernster Treue
sich zuwenden!" — Wieder in einem andern Schrif=
chen heißt es: „Jemand hat sehr richtig gesagt, ohne
den Schutz, den der christliche Aufseher auch dem ge=
predigten Worte gewährt, fällt dasselbe in einen Sumpf;
wer die Gefängnisse kennt, besonders die Arrest= und
Correctionshäuser, wird mit tiefem Schmerz dazu Ja
und Amen sagen müssen. Etliche werden durch die
Gotteskraft des Evangeliums herausgerissen, stehen da
als leuchtende Exempel auch für die Ungläubigsten,
wie die züchtigende, heilende Gnade auch aus dem Ver=
wüstetsten ein Gefäß der Ehre kann machen; aber den
Meisten wird das Wort mit all seinem Segen durch
die bösen Genossen, ihren Spott, ihren Hohn 2c. wieder
vom Herzen weggenommen. Solche christliche Aufsichts=
beamten stehen den Gefangenen näher als der Geistliche,
und diese sind gegen dieselben offener, wenn sie das
Vertrauen der Gefangenen zu gewinnen wissen. Von
einem solchen Mitarbeiter kann der Geistliche er=
fahren, wie sein Wort auf die Gefangenen gewirkt hat,
er kann auf manche Persönlichkeiten, namentlich auf
empfängliche Gemüther, aufmerksam gemacht werden.
In gleicher Linie mit der Sorge für Herstel=
lung angemessener Räumlichkeiten in den Ge=
fängnissen steht die andere: christlich ausge=

7

bildete, mannhafte, ihren Beruf nicht als einen bloßen Versorgungsposten, sondern als einen Gott wohlgefälligen Dienst an der leidenden Menschheit ansehende Aufseher zu gewinnen."

Zu allen diesen Zeugnissen von der hohen Bedeutung des Aufseheramtes und den traurigen Erfahrungen, die man bis jetzt von seinen Leistungen in den meisten Gefängnissen macht, möge noch das beherzigenswerthe Wort eines Gefangenen hinzutreten, der von der Gefängniß=Gesellschaft veranlaßt wurde, sich über die Bedeutung des Gesetzes vom 11. April 1854, betreffend die Beschäftigung der Strafgefangenen außerhalb der Anstalt, in einem Gutachten auszusprechen. Derselbe sagt zunächst über die den Aufsehern zur Unterstützung in ihrem Amte vielfach beigegebenen sogenannten Stubenältesten Folgendes: „Wer sind die fleißigsten, die ordentlichsten, die anstelligsten, gehorsamsten Gefangenen, die deswegen gerade zu Stubenältesten 2c. in der Regel bestellt werden? Wer sind sie? Unter zehn Fällen gewiß neunmal die allerverkommensten Glieder der menschlichen Gesellschaft, Leute, die in den Gefängnissen groß und grau geworden sind, die in denselben schon wieder neue Pläne und Anschläge gegen die Gesellschaft machen, die ihr ganzes Nachdenken während der Zeit ihrer Gefangenschaft nur darauf richten, nicht wie sie künftig die Uebertretungen der Strafgesetze vermeiden wollen, sondern nur wie sie künftig ihre Vergehen so einrichten können, daß sie der Strafe derselben entgehen. Diese Menschen sind diejenigen, die sich der Zucht des Gefängnisses fügen, die während ihrer Haft eben aus Motiven des persönlichen Interesses fleißig und ordentlich sind, die wissen, daß sie sich dadurch ihre augenblickliche Lage erleichtern, die aber in ihre alte Trägheit, Unordnung, kurz in den alten Sündenschlamm ihres früheren Lebens zurückfallen, sobald der Zwang von ihnen genommen wird." Und zu dieser Klage über die Stubenältesten fügt er dann die allgemeinere über das andere untere Beamtenpersonal hinzu, indem er sagt: „Was soll in einem Laza= rethe von Hunderten von Kranken ein einziger Ge= hülfe des Arztes, was wird er ausrichten können? Wird seine Wirksamkeit wohl von Erfolg gekrönt sein können, wenn zumal noch die übrigen Beamten dessel= ben die Wirkungen seiner Arznei durch Gift und schäd= liche Nahrungsmittel paralysiren? Gewiß nicht. Aehn= lich ist es in der Mehrzahl unserer Gefangenhäuser. Der Geistliche steht isolirt da; es wird ihm Seitens der Verwaltungsbeamten nicht nur nicht in die Hände, in vielen, sehr vielen Fällen schnurstracks entgegenge= arbeitet. Das zarte Pflänzchen, welches er mit vieler Mühe, unter Seufzen und Gebet endlich in dem Herzen manches Gefangenen aufkeimen sieht, es wird durch die Rohheit, Gefühllosigkeit, durch die bösen Beispiele der Gottlosigkeit, der Unmäßigkeit, des Fluchens und Lä= sterns, der Ungerechtigkeit und Lüge, welche wir so häufig in dem gegenwärtigen Beamtenpersonal unsrer Gefängnißverwaltung finden, im Keime erstickt, und Arbeit und Mühe sind vergebens gewesen. — Das sind leider! sehr traurige aber wahre Verhältnisse, und sie legen der Kirche die Pflicht auf, überall, wo sich eine Gelegenheit darbietet, ihre Stimme so laut als möglich für eine gänzliche Aenderung des Personals unsrer gegenwärtigen Gefängnißbeamten zu erheben. Verlangt doch der Staat von Jedem, dem er ein Amt anvertraut, daß er zu demselben qualificirt sei. Nur bei den Gefängnißbeamten genügt es ihm, daß sie un= bescholten im Sinne des Gesetzes, d. h. im Besitze ihrer bürgerlichen Ehrenrechte sind und den Civilversorgungs= schein aufzeigen können. Es liegt auf der Hand, daß eine solche Qualification der Kirche nicht hinreichend sein kann. Sie sieht vor Allem darauf, daß der Aspirant

7*

zu der Stelle eines Gefängnißbeamten vom Director eines solchen Hauses bis zum letzten Schließer herunter, christlich pädagogisch ausgebildet sei, daß er den Werth einer jeden Menschenseele, auch der verkommensten, zu würdigen wisse, daß eine warme Bruderliebe für die Gefangenen sein Herz erfülle. Freilich findet der Staat gar nicht oder doch nur äußerst selten solche Männer in der Sphäre, aus der er seine Gefängnißbeamten wählt. Ist er überhaupt arm daran? Wir wollen diese Frage dahin gestellt sein lassen; die Kirche ist aber, Gott sei Dank, nicht arm daran. Der Staat möge nur die Kräfte, welche ihm die Kirche darbietet, annehmen, und zwar nicht in so vereinzelten Fällen, als dieses bisher geschehen, und die Früchte dieses Vertrauens, dieser gemeinschaftlichen Arbeit der Kirche und des Staates an den Gefangenen werden nicht lange auf sich warten lassen."

Es ist hinlänglich bekannt, in welcher Weise die hier ausgesprochenen Gedanken, welche die Herzen aller Gefangenen-Freunde schon so lange bewegen, bereits in manchen Gefängnissen ihre Verwirklichung gefunden haben, indem man dieselben (z. B. das Zellengefängniß in Moabit bei Berlin) dem in christlichen Anstalten vorgebildeten Wärterpersonal der „Brüder des Rauhen Hauses", der Duisburger Diaconen, den Kaiserswerther Diaconissen u. A. übergab. Die Berufung des Dr. Wichern, des hervorragenden Vorkämpfers der Gefängnißreform, in seine jetzige Stellung zu Berlin geschah vorzüglich auch in der Absicht, die von ihm vertretenen Ideen über Heranbildung eines christlich gesinnten Aufsichtspersonals in den Preußischen Gefängnissen zu verwirklichen.

Die Gefängniß-Gesellschaft suchte ebenfalls an ihrem Theile zu diesem Zwecke mitzuwirken. Sie veranlaßte, daß im Jahre 1856 in dem Düsseldorfer Gefängnisse und anderwärts einige Brüder aus dem Rauhen Hause, in Hamm die Diaconissen aus Kaisers-werth angestellt wurden; erwirkte sich bei dem Mini-sterium des Innern die bereitwilligst (unterm 5. Februar 1862) ertheilte Erlaubniß, den staatlichen Behörden von ihr geworbene christlich gesinnte und militärisch geschulte Männer zum Eintritt in den Gefängnißdienst anbieten zu dürfen, welche dann in der Strafanstalt zu Cöln sich einem Probecursus zu unterwerfen haben; erließ in geeigneten Zeitschriften und durch die Vereins-vorstände Werberufe in diesem Sinne; verbreitete den schon oben erwähnten „Offenen Brief an Preußische Unterofficiere" von ihrem Agenten N. Schultze, der namentlich im 7. und 8. Armeecorps durch die warme Empfehlung der Militär = Oberprediger eine weite Ver-breitung fand, und hatte die Freude, daß schon bald sieben der von ihr angebotenen Aufseher versuchsweise und fast ausnahmslos mit erwünschtem Erfolge ange-stellt wurden, indem die Direction der Cölner Straf-anstalt ihren Bemühungen auf das bereitwilligste ent-gegenkam. Noch fortwährend ist ihr Augenmerk auf die Gewinnung der geeigneten Aufseher gerichtet und kann die Aufmerksamkeit der Vereine nicht dringend genug darauf hingewiesen werden, ihr in diesem Streben mit Rath und That zur Seite zu stehen. Es ist eine sehr wichtige Erlaubniß, die ihr in dieser Hinsicht gewährt worden ist, und wenn auch die Zahl der von ihr em-pfohlenen Aufseher wegen der großen Zahl der versor-gungsberechtigten Militairs nur eine geringe sein kann, — jeder einzelne wahrhaft christlich gesinnte Aufseher ist ein Gewinn für die Gefängnisse.

Noch in anderer Weise suchte die Gesellschaft auf die Hebung des Beamtenpersonals hinzuwirken, indem sie im Jahre 1862 einen Preis auf das beste „Hand-buch für Gefangen = Aufseher" ausschrieb und denselben dem Herrn Gefängniß = Director Schück zu

Breslau zuerkannte. Das von demselben verfaßte Hand=
buch fand in so weiten Kreisen nicht blos Preußens,
sondern auch Deutschlands, seine Verbreitung, daß schon
wenige Monate nach seinem Erscheinen die zweite Auf=
lage nöthig wurde, und der Minister des Innern er=
mächtigte die Regierungen, zu veranlassen, daß von dem
Handbuch für alle Strafanstalten eine entsprechende
Anzahl angeschafft werde, so daß dasselbe noch fort=
während und, wie wir nicht zweifeln, mit Nutzen und
Segen in den Gefängnissen gebraucht wird.

Das sind freilich nur geringe Beiträge zur Lösung
der großen und ernsten Frage; die Lösung selbst kann
nur von dem vereinten Wirken des Staats und der
Kirche und einer völligen Reform erwartet werden.
Aber es ist doch immerhin besser, daß das geschieht,
was nach den obwaltenden Verhältnissen geschehen kann,
als daß man's gehen läßt, wie's eben geht; und die
Hoffnung, daß dem unermüdlichen öffentlichen Zeugniß
von den erwähnten Uebelständen die endliche Gewährung
der Hülfe nicht ausbleiben könne, muß alle Freunde
der Gefangenen auffordern, auch jetzt schon jene Treue
im Kleinen zu üben, welche die Verheißung hat, daß
ihr Größeres soll vertraut werden.

„Die Seele der Barmherzigkeit ist die Barmherzigkeit mit den Seelen."

Dies treffende und beherzigungswerthe Wort der
mehrerwähnten Elisabeth Fry, stellen wir an die Spitze;
wenn wir im Folgenden einige Bilder des inneren
Elendes aus der Welt der Gefangenen mittheilen, wie
sie sich aus der langjährigen Erfahrung der Gefängniß=
Gesellschaft so zahlreich darbieten. Denn wie berechtigt
alle jene Bestrebungen sein mögen, welche auf die Reform

der Haftsysteme und der äußeren Einrichtungen der
Gefängnisse, auf die geistige Fortbildung und körperliche
Beschäftigung der Gefangenen, auf die Handhabung
einer zweckmäßigen Disciplin, die Verbesserung der
äußeren Lage und die Tüchtigkeit des Beamtenpersonals
gerichtet sind, — alle diese und ähnliche Bestrebungen
würden des höchsten Werthes entbehren, wenn sie nicht
von dem Bewußtsein getragen würden, daß es gilt, die
unsterblichen Seelen der Gefangenen zu retten, und
werden sich außerdem, wo diese Rettung nicht durch ge=
wissenhafte Sorge für die Seelen angestrebt wird, als
sehr unfruchtbare und meist ganz vergebliche Bemühun=
gen herausstellen. Jedes Uebel will an der Wurzel
angegriffen sein, wenn es wahrhaft geheilt werden soll,
und so gewiß das Verbrechen — mögen zu seiner Aus=
führung auch die verschiedensten Verhältnisse und Ein=
flüsse mitwirken — in der grauenvollen Zerstörung des
religiös=sittlichen Bewußtseins des Menschen seine eigent=
liche Quelle hat, so gewiß kann das Heil der Gefan=
genen nur von Solchen wahrhaft gefördert werden,
welche für das geistige Elend derselben den hellen Blick
und das offene Herz der christlichen Liebe besitzen.

Erkundigt man sich zunächst nach dem äußern
Umfange dieses Elendes, so erschrickt man über die von
Vielen ungeahnte Größe desselben, und die Ansicht, als ob
die Thätigkeit der Gefängnißvereine sich nur auf einen
äußerst geringen Bruchtheil der Bevölkerungen er=
strecke und darum auch den kleinen Kreisen der Gefan=
genen=Freunde überlassen bleiben könne, wird nicht uner=
heblich erschüttert. So wird im Jahre 1839 berichtet,
daß die Wirksamkeit der Rheinisch = Westphälischen Ge=
fängnißgesellschaft nunmehr alle Gefangen=Anstalten
beider Provinzen (damals jedoch noch mit Ausnahme
der großen Anzahl kleiner Gefängnisse) umfasse, und
diese allein enthielten im Jahre 1838 zusammen eine
Zahl von 18000 Gefangnen! Aus einer andern Zu=

sammenstellung ergibt sich, daß allein bei den acht rhei=
nischen Landgerichten in dem Justizjahre 1838/39 die
außerordentliche Zahl von 137,469 Personen wegen
Verbrechen und Polizei=Vergehen zur Untersuchung resp.
Bestrafung gezogen wurden. Wenn sich hierunter auch
44,332 Personen befanden, welche wegen der sogenann=
ten kleinen Vergehen, Forst= und Feldfrevel bestraft
wurden, und welche ihre Strafe gewöhnlich nicht in den
Zucht= und Arresthäusern abbüßen, so bleiben doch noch
93,137 Personen übrig, welche den letzteren für kürzere
oder längere Frist überwiesen werden mußten. Unter
dieser großen Zahl von Beschuldigten befanden sich
freilich 72,571, welche zum ersten Male bestraft wurden,
aber doch immerhin 21,566 (also über $\frac{1}{4}$ der Gesammt=
zahl) Rückfällige, und zwar waren unter diesen 13,017,
welche einmal, 5510, welche zweimal, und 2038, welche
bereits drei oder mehrere Male bestraft waren. Daß
diese erschreckend großen Zahlen im Laufe der folgenden
Jahrzehnde nicht abgenommen haben, ist selbstredend.
Nicht allein die stete Zunahme der Bevölkerung, sondern
auch die durch den steigenden Wohlstand, den raschen
Aufschwung der Industrie und den überhandnehmenden
Luxus herbeigeführten socialen Verhältnisse bedingen
eine verhältnißmäßige Vermehrung der Verbrechen. „Es
gibt viele Verbrechen und Vergehen", schrieb schon
damals eine kundige Hand, „welche mit der zunehmen=
den Dichtigkeit und Bevölkerung in der Rheinprovinz
progressiv sich vermehren. Denn dem sichtbar zuneh=
menden materiellen Wohlstande unsrer Provinz, sogar
der steigenden geistigen Kultur, folgen manche Arten
von Vergehen stets wie ein wachsender Schatten, und
nur die Verbrechen aus Rohheit verschwinden durch den
Einfluß der Civilisation."

Sehen wir die Arten der Verbrechen und
Vergehen an, welche die Gefängnisse füllen, so dürfte
eine Zusammenstellung über einen der bevölkertsten Re=

gierungsbezirke der Rheinprovinz, den R.=B. Düssel=
dorf, für das Zahlenverhältniß einen ziemlich sicheren
Anhalt geben. Derselbe lieferte z. B. schon im Jahre
1831 bei einer Einwohnerzahl von damals nur 694,727
Seelen die Zahl von 890 Gefangnen in die verschiedenen
Gefängnisse, hierunter 399 Strafgefangene und 234
Häuslinge der Strafarbeitsanstalt Brauweiler. Unter
je 100 Gefangnen befanden sich 79 Männer und 21
Frauen; auf je 10,000 Einwohner wurden 26 jüdische,
13 katholische und 12 evangelische, zusammen also 51
oder ¹/₂ °/₀ Gefangene berechnet. Wegen Diebstahl,
Beraubung und Einbruch wurden bei weitem die Mei=
sten, nämlich 238 oder 68 °/₀, wegen Straßenraub 14,
wegen Betrug, Prellerei und Gelderpressung 19, wegen
Landstreiferei und Bettelei 21, wegen Schlägerei und
Mißhandlung 25, wegen Verwundung 5, wegen Mord=
versuch 1, wegen Tödtung, Todtschlag und Mord 9,
wegen Kindesmord 2, wegen fleischlicher Verbrechen 18,
wegen Falschmünzerei oder Verbreitung falscher Münzen
13, wegen Zoll=, Forst= und Wege=Frevel 11, wegen
Injurien 9, wegen Brandstiftung 3, wegen kleinerer
Vergehen aller Art 11 verurtheilt. — Welche Summe
moralischen Elendes, die ein einziger Regierungsbezirk
in einem Jahre liefert! Wie groß muß die Zahl der
Bestraften sein, wenn dieselbe nach Jahrzehnden berech=
net wird, da doch nur etwa ¹/₄ der Bestraften, wie wir
oben sahen, als rückfällig berechnet werden kann!

Auf wie niedriger Stufe der Kultur der größte
Theil der Gefangenen steht, und welche ergiebige Quelle
des Verbrechens die Vernachlässigung christlicher Bildung
und Erziehung ist, geht aus der Thatsache hervor,
daß z. B. in dem Landgerichtsbezirk Elberfeld ¹/₅, in
dem Saarbrücken'schen ¹/₃ und in den Bezirken Aachen
und Köln sogar beinahe die Hälfte der zur Unter=
suchung gekommenen Personen des Schreibens unkundig
und überhaupt im Schulunterricht vernachlässigt war.

Der sittliche Zustand namentlich der an die Arbeitsan=
stalt Benninghausen eingelieferten Personen war nach den
Berichten der Pfarrer durchweg ein so versunkener, daß
es an's Unglaubliche grenzte. Manche, besonders
Vagabunden, seien nie in eine Schule gekommen, nie
zum heil. Abendmahl gegangen, ohne die allerdürftigsten
Religionserkenntnisse wie die Thiere aufgewachsen und
hätten, wie diese, allen Lüsten und Leidenschaften blind
nachgelebt, so daß sie nichts von Gott, nicht einmal
etwas von ihren Eltern und ihrer Heimath wußten!
Schon bei der Jugend trat diese Versunkenheit in
erschreckendem Maße an's Licht. Im Arresthause zu
Aachen befanden sich in einem Jahre nicht weniger als
63 Knaben unter 17 Jahren, in einem andern Jahre
unter 3522 Gefangenen 100 Jugendliche beiderlei Ge=
schlechts; unter den 293 Gefangenen in Coblenz, welche
sich am Schluß des Jahres 1856 im dortigen Gefäng=
niß befanden, 23 Kinder unter 17 Jahren, und klagt
die dortige Direktion namentlich darüber, daß die fleisch=
lichen Vergehen unter den Jugendlichen zunähmen. Auch
die Zahl der in den Gefängnissen detinirten lieberli=
chen Dirnen mehrten sich in solchem Maße, daß im
Jahre 1846 eine besondere Arbeitsanstalt zu Pützgen
bei Bonn für dieselben errichtet wurde. Gleich in den
ersten Jahren belief sich die Zahl der dort untergebrach=
ten Dirnen auf mehr denn 50, zehn Jahre später schon
auf 85, überhaupt im ersten Jahrzehnd auf 686, und
die Zahl der Rückfälligen durchgehends auf ein Drittel.
Leider! blieben diese elenden Personen längere Zeit hin=
durch ohne alle geistliche Pflege, so daß die Gefängniß=
Gesellschaft wiederholt um Berufung von barmherzigen
Schwestern und Diakonissen einzukommen sich veranlaßt
sah. Später ist das ganze Institut wieder aufgehoben.
Einen eigenthümlich schmerzlichen Eindruck machen
auf jeden Besucher der Gefängnisse jene kleinen In=
haftirten, die in denselben das Licht der Welt er=

bliden und oft lange Zeit hindurch mit ihren Müttern das Loos der Gefangenschaft theilen müssen. Waren doch im Gefängniß zu Aachen allein im Jahre 1850 bei 1110 Weibern 127 solcher Säuglinge! Es ist nicht blos die Luft der Gefängnisse und die in Folge des Aufenthalts im Gefängnisse meist mangelhafte mütter= liche Nahrung, es ist vor allen Dingen die durch's ganze Leben reichende trübe Erinnerung an solch eine Heimath und die Schmach der Mütter, die unser Mitleid mit diesen Kindern weckt.

Können alle diese traurigen Verhältnisse uns schon einen Einblick in das innere Elend der Gefangenenwelt gewähren, so wird uns dasselbe noch anschaulicher, wenn wir uns solche Zeiten vergegenwärtigen, wie die Arrest= und Correctionsanstalt zu Aachen sie in den fünfziger Jahren erlebte. Während sich in dieser Zeit die Ver= brechen im Allgemeinen in so bedeutendem Maße ver= ringerten, daß die Bevölkerung des Gefängnisses, die für 1851—52 noch auf durchschnittlich 342 Köpfe be= rechnet werden mußte, für 1856--58 nur noch 260 betrug, so mehrten sich die schweren Verbrechen in ebenso auffallender Weise. Denn von 1850 bis 1854 büßten 4 Gefangne ihr Verbrechen auf der Guillotine und im Jahre 1855 bestiegen sogar 3 das Blutgerüste! Mord unter schaudererregenden Umständen war ihr Verbrechen. und zu demselben bei Zweien durch ihre im Zuchthause mit einander gemachte Bekanntschaft das Fundament gelegt worden. Kaum war aber jedes= mal das Blut eines solchen Unglücklichen getrocknet, so kamen wieder neue Verbrechen derselben Art vor, so daß sich seit dem Jahre 1850 in der Anstalt stets gleich= zeitig Gefangne vorhanden, über welche die Todes= strafe bereits ausgesprochen, und andere, die wegen Mord zur Untersuchung gezogen waren. Und darunter waren auch solche Personen, sagt der Berichterstatter, die vorher im Rufe ächter Frömmigkeit standen!

Ist's aber auch nicht der Gedanke an das über dem Haupt der Verbrecher schwebende Henkerbeil, der unsre Brust in den Gefängnissen einschnürt, so können wir doch zumal die Zuchthäuser nicht ohne tiefe Wehmuth und Schauder durchschreiten. Vielleicht werden wir durch die musterhafte Ordnung, die hellen, luftigen Räume, die Uebersichtlichkeit des Baues, die Zuvorkommenheit der Beamten, sogar stellenweise durch die Eleganz der hohen Gänge und eisernen Treppen, wie wir dies Alles Gottlob! an unsern neuesten Zuchthäusern bewundern können, auf das Wohlthuendste berührt; und überzeugen wir uns durch einen Einblick in Kirche und Schule, Bade- und Waschzimmer, Küche und Kleiderkammer von dem Vorhandensein aller Bedingungen für Rettung der Gefangenen an Leib und Seele, so können wir nicht anders als mit tiefstem Danke gegen Gott und die treue Fürsorge der Obrigkeit solche Gefängnisse in Augenschein nehmen. Aber der schmerzliche Eindruck, den das geistliche Elend der Insassen auf uns macht, wird gerade durch den Gegensatz des günstigen äußern Eindrucks noch verschärft. Wer könnte an den Zellen der Isolirten vorüber gehen und aus den Ueberschriften über den Thüren ersehen, daß hier ein Mörder, dort ein Meineidiger, ein wiederholt rückfälliger Dieb, ein wegen fleischlicher Verbrechen Bestrafter, ein Brandstifter u. s. w. sitzt, und daß der Eine 5, der Andere 10, 20, 30 Jahre bis zu lebenslänglicher Haft zu verbüßen hat, ohne auf's Tiefste ergriffen zu werden und das Wort des Propheten in sich zu bewegen: „Ach, daß meine Augen Thränenquellen wären, zu beweinen die Erschlagenen in meinem Volke!" Nicht das Gefangensein allein, oder die lange Dauer der Strafe, überhaupt nicht der Ernst der vergeltenden Gerechtigkeit, — es ist vor Allem die S ü n d e selbst, die Ursache all dieses Elendes, die als das größte Elend vor unsre Seele tritt und das Mitleid mit den armen, von ihr geknechteten und ihr zum Opfer gefallenen Sclaven in uns erweckt. Daß es möglich war, daß diese Unglücklichen so tief sanken, daß sie nun, belastet mit dem entsetzlichen Gefühl ihrer Schuld, hinter Schloß und Riegel weilen, und daß es so schwer, vielleicht bei Vielen ganz unmöglich sein wird, sie zur aufrichtigen Sinnesänderung zu bewegen, — das ist der tiefe Schmerz, der sich bei'm Durchschreiten dieser Räume auf unsre Seele wälzt.

Es kommt aber noch Manches hinzu, um diesen Eindruck zu verstärken. „Was hilft es am Ende", — so macht ein Gefängniß-Seelsorger seinem Schmerze Luft, — „wenn die Gänge eines Gefängnisses rein und die Stuben auf's Sorgfältigste geputzt sind, wenn die Detinirten ihre Arbeitspensa abliefern und für die Haftzeit unschädlich gemacht sind für die bürgerliche Gesellschaft, — und drinnen ist eine Mördergrube für Leib und Seele, und die aus derselben jährlich Entlassenen kommen heraus, körperlich meist entkräftet, aber mit Lug und Trug und aller Gottlosigkeit genährt, als eine neue Plage für das Gemeinwesen!" Der mit diesen Worten angedeutete tiefe Krebsschaden, der theils in der gemeinsamen Haft, theils in der mangelhaften und schlechten Beschaffenheit des Wärterpersonals und vielfach in Beidem seinen Grund hat, trägt nicht wenig dazu bei, das sittliche Elend der Gefangenen zu vermehren. „Ach, daß doch wenigstens des Nachts auf den Schlafstuben das Schweigen angeordnet würde", schreibt ein Anderer, „damit namentlich die jüngern Gefangenen nicht mehr unter dem seelenverderblichen Einfluß der aller Sittlichkeit und Ehrbarkeit Hohn sprechenden Reden der schlimmern Gefangenen zu stehen brauchten!" — „In P. bin ich so schlecht geworden, wie ich jetzt bin!" sagte im einfachen Tone voller Ueberzeugung eine dreiundzwanzigjährige Person, die wegen Liederlichkeit dorthin verwiesen und kurz darauf wieder dem Gefängnisse anheim gefallen war. Und ein erfahrener Berichterstatter sagt: „Bei den Arrest- und Correctionshäusern insonderheit, wo die Zucht und Beaufsichtigung minder streng als in den Zuchthäusern ist, und wo es vielfach vorkommt, daß 20, 30 und noch mehr Menschen ohne Aufsicht für Tag und Nacht beisammen sind, ist es vorerst nur durch eine Anzahl Isolirzellen möglich, besonders gefährliche, die Pest der sittlichen Ansteckung verbreitende Subjecte von den andern, minder verdorbenen fern zu halten, die vom Worte Gottes angefaßten Seelen vor dem Spott der andern sicher zu stellen und ihnen den oft ausgesprochenen Herzenswunsch zu erfüllen, allein mit ihrem Gott sein zu können. Ueber den Schmerz geht nichts, es anhören zu müssen, wie z. B. ein Gefangener, dem eben sein Geistlicher den Tod seines Kindes, seines Weibes 2c. mitgetheilt und die Züchtigung Gottes in ernstem Wort gedeutet hat, bei'm Wiedereintritt in das Zimmer von rohen Gesellen mit schallendem Gelächter empfangen wird und er nun keine Thräne mehr weinen darf!!"

Schon der Eintritt in's Gefängniß, von dem man einen heilsamen und zum Bußernst stimmenden Einfluß auf den Sträfling erwarten sollte, pflegt in vielen Gefängnissen von den nachtheiligsten Eindrücken begleitet zu sein. „Es ist entsetzlich", schreibt der evangelische Seelsorger zu C., „welchen satanischen Einwirkungen ein Mensch ausgesetzt ist, der bei uns in's Gefängniß kommt. Kommt Einer zum ersten Mal in's Haus, so sehen es die Stammgäste schon an dem schüchternen, ängstlichen, zaudernden Schritt, daß er noch nicht da war. Nun heißt es gleich: Was hast du getrieben? Er bekommt dann, wenn er vor dem Richter geläugnet hat, seine Lektion, wie er weiter sich zu verhalten; aber hat er sein Faktum eingestanden, so wird er überschüttet mit Spott und Schmach. Nun folgt die zweite

Scene, nämlich, wie der Hunger zu stillen, der in der ersten Zeit, bis sie an die Gefangenkost mehr gewohnt sind, die Inhaftirten quält; da werden denn alle Mittel aufgeboten, um auf verbotenem Wege etwas zu er= langen. Unterdessen geht die tägliche Einschulung in alle Sünden und Laster fort; so ein armer Mensch hört fast nichts als Diebsgeschichten, Unzuchtsscenen, das Schmieden neuer Complotte; am schlimmsten aber ist es dann, wenn es auf die Schlafsäle geht u. s. f." Ein Andrer sagt: „Bei der Vorbereitung zur Confir= mation der in's Arresthaus gekommenen Knaben ist mir die Unthunlichkeit der so dringend nothwendigen classifi= cirten Vertheilung der Gefangenen besonders drückend gewesen, da ich die Knaben erst dann zum regelmäßigen Lernen brachte, wenn nach vielen vorhergegangenen Mahnungen, Bitten, Drohungen ꝛc. endlich eine Be= strafung angewandt worden war. Dieser Umstand läßt sich nur daraus erklären, daß sie sowohl die Faullenzer um sich herum sehen als auch von denselben förmlich abgehalten werden zu lernen, sei es durch ihre schlechten Reden, sei es durch die völlige Abmahnung, zu ge= horchen."

Thun wir an der Hand eines anderen Gefängniß= geistlichen noch einen Blick in das Gefängniß zu E. Derselbe erzählt von seinen Unterredungen mit Ge= fangenen Folgendes:

„Nicht selten saß ich unter einer Schaar von 15 bis 20 Gefangenen, die zwar der Auslegung des Wortes Gottes zum Theil mit Aufmerksamkeit folgten, denen aber die Heilswahrheiten ein innerlich so Fremdes waren, daß sie es trotz aller Aufmunterung dazu nicht wagten, sich irgendwie über ihre Stellung zu jenem zu äußern. Um auch diese zum Reden zu bringen und ihnen da= durch näher zu treten, schweifte ich von der unmittel= baren Verkündigung des Heils in Christo ab auf diese und jene Frage des praktischen Lebens. Da rückten

denn auch diese Leute mit der Sprache heraus und ich
saß zuweilen stundenlang unter ihnen, indem es ihnen
sichtlich gefiel, daß sie sich über so Vieles, von dem
ihr Herz erfüllt war, einmal gegen einen Andern als
ihres Gleichen aussprechen konnten. Ein bei den Ge=
fangenen sehr beliebter Gegenstand unsrer Besprechungen
war z. B. die persönliche Lage der Gefangenen: ihr
Leben im Gefängnisse und ihre Stellung in der Welt
nach ihrer Entlassung. Da brach denn bei den Meisten
ein Sturm von bittern Klagen hervor und bei keiner
andern Gelegenheit that ich in dem Maße einen Blick
in das Herz dieser armen Menschen hinein. Alles in
der Welt klagen sie an, nur nicht sich selbst. Vieler
Herzen fließen über von Bitterkeit, vor Allem gegen
die Aufseher des Gefängnisses, gegen die Richter, gegen
alle Obrigkeit, gegen die reichen Leute, „die ungestraft
thun können, was sie wollen." Nicht unter Ver=
brechern, sondern unter Heiligen glaubt
man zu sitzen, die Gericht halten! Das ist die
entsetzliche Verblendung, die die Sünde zu Wege bringt!
Wer durch des HErrn Gnade die Tiefe des sündigen
Verderbens im eigenen Herzen erkannt hat, der schaut
im Geiste hinein in dieses entsetzliche Gewimmel sündi=
ger Gedanken und Begierden aller Art, was sich da
durchkreuzt in den Herzen dieser armen Menschen, der
sieht ihn im Geiste vor sich, diesen Berg von Hinder=
nissen, den Satanas da aufgethürmt hat. Wie können
wir da noch klagen, daß wir so wenig Früchte unsrer
Arbeit sehen? Ist es nicht ein Wunder des unermüdlich
suchenden Erbarmens Gottes, wenn einem Einzigen
von diesen verblendeten Menschen die Augen aufgethan
werden?" — Der Geistliche erzählt dann, wie er auch
unter solchen Gefangenen verweilt, bei denen der Geist
erklärter Feindschaft und offenen Widerspruchs gegen
das Evangelium herrschte. „Einzelne durch natürliche
Anlagen, oft zugleich durch eine schon längere Ver=

brecher=Laufbahn hervorragende Menschen waren die
Träger dieses Geistes und übten einen so unverkenn=
baren verderblichen Einfluß auf die Uebrigen aus, daß
die Mehrzahl der auf einer Stube Zusammensitzenden
dem verkündigten Worte als eine Rotte von Verächtern
gegenüberstand. Es ist dies der Fluch, der auf der
Gemeinschaft der Verbrecher ruht, daß sie einmal,
Böses von einander lernend, in einer Schule der
Sünde, ja, des Verbrechens leben und dann sich als
eine durch die Einheit starke Macht des Bösen fühlen,
die keine Aeußerung des Guten, in welcher Gestalt
sie auch auftreten mag, neben sich aufkommen läßt.
Was für Eindrücke mögen z. B. noch unverdorbenere
Gemüther dadurch empfangen haben, daß hier in einer
Stube meine dringende Mahnung zum fleißigen Lesen
der heil. Schrift in der Weise befolgt wurde, daß man
alle auf geschlechtliche Verhältnisse bezüglichen Stellen
der heiligen Schrift aufsuchte, um sie vorzulesen, ge=
meinschaftlich darüber zu lachen und unreine Reden
daran anzuknüpfen! Ich muß gestehen: es ist mir sehr
schwer geworden, in solcher Gemeinschaft kräftiges Zeugniß
abzulegen. Aber den Segen muß die Macht des Bösen
da, wo sie so unverhohlen und klar hervortritt, uns
geben, daß sie uns mächtig treibt, noch mehr als sonst
mit herzlichem Seufzen und Schreien um des HErrn
Erbarmen, um Erweisung seines Geistes und seiner
Uebermacht gegenüber dem Bösen anzuhalten."

Fassen wir alle diese Züge des geistlichen Elendes
in den Gefängnissen zu Einem Bilde zusammen: die
langjährige Verwahrlosung der Bildung und Erziehung,
welche den meisten Verbrechen zu Grunde liegt, das
Lasterleben, worin die Insassen der Gefängnisse oft seit
frühester Jugend geschult wurden, ihre religiöse Un=
wissenheit oder gar die Verachtung, womit sie gegen
alle Religion erfüllt sind, die Schuld, die auf ihrem
Gewissen lastet, die Aufregung und Erbitterung oder

8

auch die völlige Erschlaffung und Abstumpfung, in welche sie durch die Strafe, die sie erleiden, versetzt werden, die entsetzlichen Einflüsse namentlich der gemeinsamen Haft, die Heimtücke und Lügenhaftigkeit, die ihnen zufolge der strengen Behandlung gleichsam zur andern Natur und zum täglichen Gewerbe wird, den Schmerz um verlorne Freiheit, Ehre, Weib und Kind, der Viele bis zur Raserei treibt und die Meisten wenigstens mit jenem düstern Unmuth erfüllt, der das Kennzeichen aller Gefangenen zu sein pflegt, — wie viel inneres Elend häuft sich in diesem Bilde zusammen, das auf unser christliches Erbarmen Anspruch hat! Und wir sollten es auch bei den bittersten Erfahrungen nie vergessen, daß dies Erbarmen die eigentliche Grundstimmung und Gesinnung aller Derer sein muß, welche auf die Gefangenen einwirken wollen. „Es ist das innerste Wesen der Gefangenen", sagt ein Gefängniß-Geistlicher, „und ihr Zwiespalt mit sich selbst, daß sie bei aller Verkommenheit, Starrheit und bitteren Bosheit doch meist arme, ihr Unheil fühlende, seufzende Kreaturen sind, die auch auf die Offenbarung der Kinder Gottes harren, Menschen, die weniger zu verachten als herzlich zu bemitleiden sind. Wer persönlich mit den Gefangenen verkehrt, wird sich, so er Christum kennt, auch der Liebe gegen dieselben nicht erwehren können."

„Niemanden und Nichts aufgeben."

Als einer der ersten Gefängniß-Geistlichen Düsseldorfs, der oben erwähnte Carl Wilms, auf seinem Sterbebette lag und seinem jüngeren Bruder, der sich ebenfalls dem geistlichen Berufe gewidmet hatte, das Heil der Seelen an's Herz legte, sagte er dem noch

jugendlichen Manne das seitdem oft wiederholte Wort:
„Niemanden und Nichts aufgeben!" Wilms war selbst
ein seltnes Muster der Geduld, der auch durch viele
betrübende Erfahrungen auf seinem dornigen Arbeitsfelbe
sich nicht niederschlagen ließ, so daß er sich immer wieder
mit neuer Liebe der Gefangenen, auch besonders bei
und nach ihrer Entlassung annahm, nicht selten mit sehr
erfreulichem Erfolge, so daß man mit Recht von seiner
Wirksamkeit rühmen durfte, wie es dort von Hiob heißt:
„Du hast Viele unterwiesen und lasse Hände gestärket;
deine Rede hat die Gefallenen aufgerichtet und die
bebenden Kniee hast du gekräftigt." So wollte er's
Angesichts des Todes seinem geliebten Bruder aus der
reichen Erfahrung seines Lebens bezeugen, daß eine
durchhaltende, treue und unverdrossene Liebe selten ganz
vergeblich arbeitet. Wie der Wassertropfen, immer aus
derselben Höhe auf dieselbe Stelle fallend, zuletzt selbst
den härtesten Stein aushöhlt, so liegt in der Liebe, die
ihr herrliches Ziel: die Rettung einer unsterblichen
Seele, unermüdlich verfolgt, eine Macht, der sich auch
die verhärtetsten Gemüther selten ganz entziehen können.
Solche Liebe hat etwas von der Natur jenes heiligen
Blutes an sich, das auf Golgatha für die verlorene
Welt geflossen ist und das durch seinen stillen, unmerk=
lichen Einfluß wie ein himmlischer Thau die Wüsten
ganzer Völker in Gottesgärten verwandelt hat. Vielleicht
wird solche Liebe von Denen, die sie sucht, Anfangs mit
schneidender Kälte zurückgewiesen oder sogar mit Spott
und Verachtung vergolten; vielleicht gehen wenigstens
scheinbar eine Zeitlang ihre Bemühungen völlig verlo=
ren. Aber sie wirkt wie die Märzsonne mit einer all=
mälig aufthauenden und zerschmelzenden Gluth und oft
um so tiefer, je größer die Feindschaft war, die ihr
entgegen trat. Es ist als ob die ruchlosen Menschen
darüber staunten, daß es überhaupt noch Liebe auf
Erden gibt — das hatten sie längst zu glauben aufge=

hört; — und daß diese nun gerade ihnen mit solcher
Geduld und Selbstverleugnung sich hingibt, daß sie sich
durch allen Widerstand nicht erbittern läßt und nur
immer neue Gluthen auf das Haupt ihrer Feinde sam=
melt, das bricht zuletzt den hartnäckigsten Widerstand.
Und wie es oft in der Natur geschieht, daß ein einziger
warmer Regen nach langem Harren den ganzen Früh=
ling bringt, so bricht zuweilen bei den verstocktesten Bö=
sewichtern die Sinnesänderung plötzlich durch, weil die
erbarmende Liebe schon lange vorher durch ihre gedul=
dige Arbeit die Hindernisse beseitigt hatte, welche dem
Wirken der göttlichen Gnade im Wege standen.

Alle Gefängnißbeamten und Gefangnen=Freunde
sollten sich daher jenes goldne Wort: „Niemanden
und Nichts aufgeben" zur Richtschnur ihres Wir=
kens nehmen, und daß sich dasselbe auch auf dem hoff=
nungsarmen Acker ihrer Arbeitsfelder bewährt, dafür
möchten wir aus der Geschichte der Rheinisch=Westphä=
lischen Gefängnißgesellschaft wenigstens einige Belege
darbieten.

Schon oben haben wir angedeutet, wie erfreulich
die allgemeinen Erfolge der Seelsorge und des Unter=
richts in den Gefängnissen trotz der mangelhaften Ein=
richtungen derselben von vornherein zu Tage traten. Fast
ausnahmslos wurden die Gottesdienste und Andachten
von den Gefangenen gern besucht und die Gelegenheit
zur Fortbildung und zum Unterricht von Vielen freudig
ergriffen; manchem Seelsorger gelang es auch, in klei=
neren Kreisen heilsbegieriger Gefangenen religiöse Unter=
haltungen einzuführen; zu seelsorglichen Besprechungen
unter vier Augen stellten sich selbst in den verkommen=
sten Zuchthäusern viele Gefangne freiwillig ein; mit
besonderer Vorliebe wurde der geistliche Gesang von
den Sträflingen geübt; in Herford fanden namentlich
die regelmäßigen Mittheilungen aus der Geschichte der
Heidenmission, welche für die Gefangenen überhaupt

sehr geeignet sind, Anklang; in anderen Gefängnissen
die Katechese, welche am Sonntag = Nachmittag in den
gottesdienstlichen Lokalen gehalten wurde, sowie nament=
lich auch die den Gefangnen verabreichten religiösen und
andern nützlichen Schriften. Fast überall minderte sich
die Zahl der Disciplinarstrafen in demselben Maße als
Seelsorge und Unterricht geübt wurden, und die Zahl
der Rückfälligen verringerte sich ebenfalls in Folge der=
selben; — kurz, bei allen Klagen über die großen
Schattenseiten und Uebelstände des Gefängnißwesens war
die Arbeit offenbar nicht vergeblich, und schon diese mehr
äußerlichen Erfolge hätten sie in ihren Bestrebungen
ermuthigen müssen.

Es gehen aber mit den Schilderungen dieser Erfolge
beständig auch die anderen Hand in Hand, welche von
einem unverkennbaren tiefer wirkenden Gottessegen Zeug=
niß ablegen. Wie oft wird es nicht berichtet, daß ein
Gefangener z. B. nicht das heil. Abendmahl empfangen
will, ohne vorher das volle Geständniß seiner Schuld
dem Geistlichen abgelegt und auch noch die anderen
gröberen Vergehungen, wegen deren er nicht bestraft
worden, bekannt zu haben; oder daß ein Anderer ein
auf lügenhaften Darstellungen beruhendes Gesuch um
Abkürzung seiner Strafzeit in Folge einer ernsten seel=
sorglichen Vermahnung zurückfordert und lieber längere
Haft als jene Schuld der Lüge auf seinem Gewissen
ertragen will! Wie oft kehren längst Entlassene und
Vergessene zu ihrem Gefängniß=Seelsorger zurück, um
ihm nicht allein zu sagen, daß es im Aeußern ihnen
wohl gehe, sondern auch unter Thränen für die segens=
reichen Lehren und Ermahnungen zu danken, die dem
Gemüthe eine andere Richtung gegeben und gerade drau=
ßen in der Erinnerung recht lebendig geworden seien!

Das Krankenlager war in den Gefängnissen sehr
häufig das Mittel der Bekehrung in der Hand Gottes.
So wurde eine Gefangene zu Düsseldorf, welche sich

durch die Schlechtigkeit ihres trunksüchtigen und im Zuchthause zu Werden sitzenden Mannes zu einem Vergehen hatte verleiten lassen, durch ihre tödliche Erkrankung zur völligen Umkehr gebracht. Sie bewies auf ihrem 12tägigen Krankenlager unter furchtbaren Schmerzen eine große Geduld und Ergebung in Gottes Willen, hielt sich von allen schlechten Gesprächen der Stubengenossinnen zurück, befestigte sich in dem bußfertigen Sinne, den sie schon vorher in der Haft bei stiller Aufmerksamkeit gezeigt hatte, und obschon ihr das Abscheiden schwer wurde wegen Zurücklassung von 8 größtentheils noch unversorgten Kindern, so starb sie doch in freudigem Vertrauen auf Christum, zur Erbauung vieler Mitgefangener.

Von einem kranken Gefangenen, der lange an der Schwindsucht darnieder lag, konnte der Seelsorger desselben Gefängnisses eine ähnliche Gemüthsverfassung berichten. Derselbe ertrug nicht blos seine großen Körperleiden mit musterhafter Geduld, sondern zeigte auch eine tiefe Erkenntniß seiner selbst und die ernsteste Reue über seine Sünden, stand in festem Glauben an Christum als seinen Versöhner und sah dem Tode mit Ruhe und Hoffnung entgegen. Viele der andern Kranken wurden von diesem Anblick und den öfteren Unterredungen des Geistlichen mit ihm innerlich ergriffen und empfingen so tiefe Eindrücke davon, daß Mehrere ein ernstes Verlangen nach dem Wort und der Gnade Gottes an den Tag legten.

Ein junger Mensch von guter Familie, guter Erziehung und mit der Aussicht auf eine glänzende Laufbahn gerieth in Verbindung mit jungen reichen Wüstlingen, führte ein ausschweifendes Leben, wurde in ein schweres Verbrechen verwickelt, zur Haft gebracht und verurtheilt. Seine mehrjährige Haft, die daran hängende Schande und Krankheit im Verein mit dem Worte Gottes machten sein hartes Herz mürbe und brachten ihn zur Bekehrung, so daß er sein Sündenleben verabscheute und fortan im Glauben an seinen Heiland Gott zu leben trachtete.

Noch zwei·auffallende Beispiele von dem Segen der Trübsal werden aus dem Zuchthause zu Werden berichtet.

Ein Sträfling, der durch Trunk und Spiel sich zum Schuldenmachen, dann zur Prellerei, dann zu vielen Diebstählen hingegeben hatte, fiel in eine langwierige Abzehrungskrankheit. Anfangs murrend gegen Gott und die Menschen, schob er alle Schuld seiner Sünden auf seine Brüder, die ihn nicht genug mit Geld unterstützt hätten. Allmälig erkannte und bekannte er, selbst Schuld an seinem Unglück zu sein, und bat, seinen Bruder von Haus kommen zu lassen, um ihm das vielfach zugefügte Unrecht abzubitten. Als dieser kam, bat er nicht allein unter vielen Thränen ab, sondern gestand auch in Gegenwart des Geistlichen und der übrigen Kranken, daß er außer dem Diebstahl, wegen dessen er verurtheilt worden, noch über 60 andere Diebstähle begangen habe, und bat den Bruder, aus dem Erbtheile, das ihm jetzt zugefallen, die erforderliche Summe dem Anstalts=Geistlichen zu senden, damit dieser es den Beraubten zustelle. So kamen 54 Personen wieder zu ihrem Eigenthum. In dieser reuevollen Stimmung blieb er bis an sein Ende.

Ein anderer Kranker hatte in der Haft Jahre lang seinen Stolz darein gesetzt, vor den andern Gefangenen über die Religion zu spotten und möglichst großen Sinnengenuß für sein höchstes und und einziges Ziel zu erklären. Nachdem eine 5jährige Zuchthausstrafe ihn nicht zu bessern vermocht, wurde·er wegen wiederholten Diebstahls im Jahre 1838 zu lebenswieriger Zwangsarbeit verurtheilt. Auch seit der Zeit verstockte er sich nur noch mehr in frechem Trotz und Lästerung. Als er endlich im letzten Jahre auf's Krankenbett geworfen

wurde, und viele der andern Kranken, die um ihn her
lagen, mit ganz anderer Ergebung und Frieden als
sich selbst leiden sah, wagte er es einmal, erst im All=
gemeinen zu Gott um Licht und Trost zu beten; die
Lust zum Gebet wuchs unter dem Beten, endlich wurde
es seine liebste Beschäftigung, das Herz wurde verändert
durch den Glauben an seinen Versöhner, und er genoß mit
bußfertigem und gläubigem Herzen das heil. Abendmahl.
Als sein Ende herannahte, bat er den Geistlichen, von
seinem während der Haft ersparten Ueberverdienste 10
Exemplare des Neuen Testamentes zum Gebrauch für
seine Mitgefangenen anzuschaffen. Eins möge der Geist=
liche der Arbeitsstube zustellen, wo er so oft über Reli=
gion gespottet, und seine Mitgefangnen für ihn um
Verzeihung bitten, daß er ihnen durch böse Reden so
oft Aergerniß gegeben habe.

Noch merkwürdiger war das Beispiel eines Menschen,
der ohne körperliche Leiden nur durch Anhörung des ihm
völlig fremd gewordenen Wortes Gottes im Jahre 1840
in Düsseldorf zur gründlichen Bekehrung gelangte. Der=
selbe war aus Frankreich gebürtig, hatte sich lange mit
seiner Handthierung in Deutschland herumgetrieben und
obwohl von groben Sünden frei geblieben, doch völlig
gottvergessen, ohne Dank im Herzen, ohne Gebet auf
den Lippen, wie er hernach selbst bekannt, dahin gelebt,
bis das Vergehen ihn in's Gefängniß führte. Da hört
er die lebendige Verkündigung des Evangelii, kommt
zur Erkenntniß, und der Geistliche berichtet, er habe
selten von Jemand rührendere Beweise von tiefer Reue
und aufrichtigere Bekenntnisse der eignen schnöden Un=
dankbarkeit gegen Gott und helleres Erkennen der Heils=
wahrheiten erlebt als bei diesem Menschen.

Häufig fehlt es den Gefängnißgeistlichen an Ge=
legenheit, die Frucht der Sinnesänderung im Leben und
Wandel der Sträflinge zu beobachten, weil dieselben
nach ihrer Entlassung gewöhnlich ihrem Auge entschwin=

den und im Gefängniß selbst die neue Gesinnung sich nicht hinlänglich erproben kann. Doch tritt auch da die Sinnesänderung oft in unleugbarer Weise an's Licht. So war im Zuchthause zu Werden in den vierziger Jahren ein Gefangener bekehrt worden, der hernach das Amt eines „Meisters" d. h. eines Stuben=aufsehers unter seinen Mitgefangenen bekleidete. Wie er selbst nach schwerem Falle auf's Gründlichste bekehrt war, so brannte er von lebendigem Eifer, auch Andern das nahe zu bringen, was seiner Seele aus Gnaden geschenkt worden war. Er betrachtete die 15 seiner Aufsicht anvertrauten jungen Sträflinge als seine Kinder, für deren moralische Führung im Zuchthause er nicht nur, sondern für deren Seelen er auch vor Gott ver=antwortlich sei. Wie ein frommer Familienvater trat er jeden Morgen, Mittag und Abend mit ihnen zu=sammen, las ihnen nach gehaltenem Gebete einen Ab=schnitt aus der heil. Schrift vor und munterte sie zum Fleiße bei der Arbeit auf, bei welcher er ihnen überall zur Hand ging. Auch wenn sie entlassen waren, lagen sie ihm noch am Herzen; er erkundigte sich nach ihrem Wohlverhalten und freute sich, wenn er hörte, daß seine Arbeit an ihnen nicht vergeblich gewesen war, wovon ihm denn auch manche liebliche Erfahrung zu Theil wurde.

Eine ebenso köstliche Frucht treuer Seelsorge bei scheinbar hoffnungslosem Seelenzustande war ein 17=jähriger Jüngling in demselben Zuchthause, der schon im elterlichen Hause sehr verwahrlost und in Schul= und Religionskenntnissen ganz unwissend, daher auch schon zum zweiten Male verhaftet war und nun im Zuchthause Confirmations=Unterricht erhielt. Im ersten Jahre zeigte er noch eine so rohe und schlechte Auf=führung bei der Arbeit, daß er oft gezüchtigt werden mußte. Aber Ende 1839 wurde er krank, sein Leicht=sinn brach sich allmälig, und die Confirmationshand=

lung, welche nun schon bald mit ihm vorgenommen werden konnte, machte einen so tiefen Eindruck auf ihn, daß von dem an, wie er selbst bekannte, eine gänzliche Umwandlung seines innern Zustandes mit ihm vorging. Obgleich er die Krankenstube nicht mehr verlassen konnte und durch böse Geschwüre in den heftigsten Leibesschmerzen noch ein ganzes Jahr schmachtete, so kam doch nie ein Klagelaut über seine Lippen, sondern er pries fortwährend die Gnade des HErrn, der sich an ihm verherrlicht habe. Ja, als er die letzten 8 Tage seines Lebens keinen Bissen mehr über die Zunge bringen konnte und der Schmerz der Krankheit bis auf's Aeußerste gestiegen war, so nahm doch seine Glaubensfreudigkeit so sehr zu und er starb in einem solchen Frieden, daß alle umstehenden Gefangenen sagten: „Wenn der nicht selig gestorben ist, dann braucht sich nie ein Züchtling auf die Seligkeit zu freuen."

Dieselbe auf ächter Buße und lebendigem Glauben an den Heiland beruhende Todesfreudigkeit bewies ein Gefangener in Elberfeld, der sich in allen seinen schweren Leiden ganz geduldig bewies und sich nach seinem eigenen Ausdruck „reicher als ein König" fühlte. Er dankte Gott für Alles, auch für seine Gefangenschaft, die er als eine Gnade Gottes ansah, und drückte an seinem Todestage die Stimmung seiner Seele mit dem Worte des Apostels aus: „Freuet euch im Herrn allewege!"

Selbst bei den schwersten Verbrechern durften die Geistlichen nicht selten die entschiedenste Bekehrung sehen. Es wird wiederholt berichtet, daß die auf dem Schaffot gerichteten Mörder und Raubmörder, z. B. die berüchtigten Raubmörder Lohmann, Wettschreck u. A. in bußfertigster Stimmung in die Ewigkeit hinübergingen. Bei zwei Mördern in Werden wurden im Jahre 1841 sehr verschiedenartige Erfahrungen gemacht.

Der Eine, der nach langem Läugnen endlich seinen Mord gestand, fand keine Ruhe und keinen Frieden mehr, troß alles christlichen Zuspruchs, weder. auf der Arbeitsstube noch in der Isolirkammer, glaubte sich vom Geiste des Ermordeten bei Tag und bei Nacht verfolgt und brütete in dumpfer Verzweiflung. Der Zweite aber betete unaufhörlich um Vergebung seiner Sünden, arbeitete mit dem angestrengtesten Fleiße, um von seinem Ueberverdienste seiner dürftigen Frau und Kindern etwas zuwenden zu können und gelangte auf diesem Wege bald zu einem innern Frieden, wie er ihn, nach seinem eigenen Geständnisse, in der Freiheit nie geahnt hatte. Die Zeit, die ihm von der Arbeit frei blieb, verwendete er auf Betrachtung des Wortes Gottes und Gebet, schrieb sich auf eine Tafel, was ihm dabei be= sonders tröstlich geworden, um es sich tiefer einzuprägen und seinen Seelsorger darüber fragen zu können, und so verging ihm seine Zeit so rasch, daß er kaum an seine Gefangenschaft erinnert wurde.

Eine Erquickung für das mühevolle Wirken eines Gefängnißgeistlichen verdient auch die Bekehrung eines andern tief gefallenen Sträflings zu Werden genannt zu werden, der nicht allein aus fernem Auslande noch lange Jahre nach seiner Entlassung die dankbarsten Briefe an seinen Seelsorger schrieb, sondern, um nun auch an andern Tiefgesunkenen arbeiten und dadurch seine Dankbarkeit gegen seinen himmlischen Retter be= zeugen zu können, als Missionar über's Meer zu den Heiden ging.

Alle Gefängnißgeistlichen klagen darüber, daß der Unglaube, dessen verderblicher Same in unsern Tagen so reichlich in allen Volksschichten ausgestreut wird, ein Haupthinderniß der Bekehrung auch in den Gefängnissen bilde. „Christus war nur ein menschen= freundlicher Schwärmer, die Natur ist Gott, eine Un= sterblichkeit der Seele gibt's nicht, Gut und Böse sind nur eingebildete Begriffe", — so etwa lautet der Ka= techismus dieser Aufgeklärten, und schon unter den Jugendlichen finden sie ihren Anhang, der jede Auf= forderung zur Bekehrung mit Hohn zurückweist. Wie aber auch unter diesen Verblendeten die Macht der Gnade sich verherrlicht, davon zum Schluß nur noch ein Beispiel.

Ein junger Mensch von 17 Jahren kam nach zweimaliger früherer Bestrafung wegen Diebstahls im Jahre 1840 zur Verbüßung einer fünfjährigen Zucht= hausstrafe in die Strafanstalt zu Werden. Obgleich er ziemlich guten Schul= und Religionsunterricht ge= nossen hatte, war er doch durch eine völlig vernach= lässigte Erziehung und frühen Umgang mit durchaus verdorbenen Menschen verwildert und durch Begierde zur Befriedigung seiner Vergnügungslust von einem Gaunerstreich zum andern verleitet worden und so immer mehr innerlich gegen bessere Gefühle verhärtet. Auch in der Haft zeigte er sich lange Zeit völlig unempfind= lich gegen geistliche Zusprache, führte stets rohe, gottlose und unsittliche Reden im Munde und bewies sich falsch und hinterlistig gegen seine Mitgefangenen. Als einst ein Buch „Verirrung und Rückkehr" auf seinem Saal vorgelesen wurde, in welcher Erzählung das Leben zweier jugendlicher Verbrecher auf eine ergreifende Weise geschildert wird, deren Einer im Gefängniß zur Einsicht kommt, der Andere aber bis an sein Ende verstockt bleibt und von Verbrechen zu Verbrechen forteilend ein Ende mit Schrecken nimmt, so war er der Einzige, der davon nicht erschüttert wurde, vielmehr ausrief: „Das war doch kein Feigling, der sich durch ein Paar Jahre Zuchthausstrafe hätte bange machen lassen, vor einem solchen Kerl muß man Respekt haben." Im Anfange des Jahres 1845 suchte ihn jedoch eine Abnehmungs= krankheit heim, welche sein hartes Herz allmälig mürbe machte, so daß er gern Zuspruch annahm, sich zum

Gebet wandte, erklärte, unendlich größere Leiden ver=
dient zu haben, da er viele Altersgenossen früher ver=
führt und ebenso wie sich in großes Unglück gestürzt
habe, und bereue, sie nicht um Verzeihung bitten und
zur Reue ermahnen zu können. Den Einen seiner
Mitschuldigen aber, der noch mit verhaftet war, ließ er
vor sein Sterbebett kommen, that Abbitte vor ihm, daß
er ihn verführt habe, und bat ihn flehentlichst, die Frei=
heit, die er in Kurzem wieder erhalte, zum Heile seiner
Seele anzuwenden.

So gilt auch von den Gefängnissen die Verheißung
des HErrn: „Mein Wort soll nicht wieder leer zu mir
kommen"; und wiewohl es nur zu wahr ist, was ein
Gefängnißgeistlicher gesagt: jedes Gefängniß sei
leider! eine trefflich eingerichtete Löschan=
stalt für die Brände des heiligen Geistes,
so kann doch alles Löschen nicht verhindern, daß die
Liebe Christi auch in den Kerkern ihre Eroberungen
macht und ihre Fackel bald in dieses, bald in jenes
Sünderherz hineinschleudert. Täuschungen und Ent=
täuschungen fallen freilich überall vor. Ein Seelsorger
sagt deßhalb: „Man kann im Arresthause immer nur
mehr davon reden, was geschehen ist, als was
gewirkt worden. Kommt das Reich Gottes über=
haupt nicht mit äußerlichen Gebährden, so ist es darin
am Wenigsten in einem Gefangenenhause zu suchen, wo
die Sünde die Lüge am längsten in ihrem Dienste
hält, Worte fast die ausschließlichen Zeugnisse sind, alle
Handlungsweisen durch die Strenge der Hausordnung
gesetzlich sein müssen und Aeußerungen von Reue und
Besserung so oft in Theilnahme oder Fürsprache oder
sonstigen Erleichterungen ihren Vortheil suchen. Selbst
die augenblickliche Erschütterung, der sich deren Verhaftete
kaum erwehren kann, ist mit allen sie begleitenden Er=
scheinungen der züchtigenden Gerechtigkeit nur noch ein
ungewisses Anzeichen eines neuen Lebens aus Gott."

Doch gibt derselbe Geistliche zu, daß da, wo ein frei=
willig ausgesprochenes Sündenbekenntniß vorkommt, wo
solches selbst über das Vergehen hinausgeht, das die
eben jetzt erlittene Haft und Strafe nach sich gezogen
hat, wo eine Stille eingetreten, die ein inneres Nach=
denken nicht verkennen läßt, wo, was schon sehr selten
ist, eigentliche geistliche Hülfe gesucht wird, der Seel=
sorger zu Hoffnungen berechtigt sei, die so leicht· nicht
getäuscht werden, und daß diese Hoffnungen, die wohl
nie ganz fehlen, denselben in seinem mühevollen Wirken
aufrecht erhalten müssen. Und wenn wir auch nicht
gleich die Früchte desselben sehen sollten, dürften wir
darum die Arbeit ohne Weiteres als eine verlorene be=
zeichnen? Kennen wir nicht das Gleichniß von dem
Acker, der von selbst zuerst das Gras, dann die Halme
und dann die Frucht in den Aehren bringt? — Daß
sich nur an allen Arbeitern in den Gefängnissen das
apostolische Wort bewähre: „Die Liebe höret nimmer
auf" und das Wort jenes treuen Zeugen befolgt würde:
„Niemanden und Nichts aufgeben", — wir würden es
sehen, daß der HErr, der einst mit einem hingerichteten
Mörder als der Erstlingsfrucht seines bittern Kreuzes=
todes in's Paradies einging, auch heute noch Wunder
seiner Gnade an Verbrecherherzen thut zur Bestätigung
des Paulinischen Wortes: „Wo die Sünde ist
mächtig geworden, da ist doch die Gnade
noch viel mächtiger geworden."

Die Noth der Entlassenen.

Wenn Jemand auf die Vergeblichkeit der Anstren=
gungen zur Bekehrung der Gottlosen ein Spottlied
schreiben wollte, so könnte er dazu keinen geeigneteren
Stoff wählen, als die Gefangnenwelt. Welcher Ernst
des Gesetzes wird angewendet, um die Uebertreter ihre

Sünde büßen zu lassen! Wie viele Mittel werden oft aufgeboten, ihren Geist zu bilden und sie mit Zwang und Güte an's Gute zu gewöhnen! Wie reichlich wird ihnen meist das Wort Gottes in Predigt, Katechese und Seelsorge dargereicht! Welche Fülle von Warnungen, Ermahnungen und Bitten wird an sie verschwendet! Und doch, wenn man nach den Früchten aller dieser Mühen fragt, — wie Wenige, die wirklich gerettet, wie Viele, bei denen nur Schein-Erfolge erzielt werden, und wie groß die Zahl Derer, an denen alle diese Einwir- kungen völlig spurlos vorübergehen, ja, die wohl gar schlimmer das Gefängniß verlassen als sie dasselbe be- traten!

Davon liefert namentlich das Verhalten der Ge- fangenen nach ihrer Entlassung den schlagendsten Beweis. Das Sprichwort: „Gebrannte Kinder scheuen das Feuer" findet auf sie meist keine Anwendung. Wir wollen von Jenen, die schon im Gefängniß die Pläne zu neuen Schandthaten schmieden und mit neuen Ge- nossen derselben Bekanntschaft schließen, die deshalb auch jedes Anerbieten der Gefängnißbeamten oder Ge- fangenen-Freunde, ihnen zu einem ordentlichen Fort- kommen behülflich zu sein, mit Hohn abweisen, gar nicht reden. Sie sind die gefährlichen Emissäre eines durch alle Gefängnisse sich verzweigenden Verbrecher-Bundes, und verlassen, von Rachegedanken erfüllt, die Gefäng- nisse nur, um mit noch größerer Bosheit und Schlau- heit ihr Verbrecher-Handwerk fortzusetzen, und dann (in der Regel schon bald) zum 5., 10., ja 20. Male in's Gefängniß zurückkehren. — Eine zweite Classe von Entlassenen geht zwar nicht mit der Absicht, neue Verbrechen zu begehen, in die Freiheit; im Gegentheil, sie wollen fortan in den Schranken der Gesetzlichkeit sich bewegen und denken: dich wird nie wieder ein Ker- ker zu sehen bekommen! Aber ihr Herz ist ungebrochen. Wie sie Gott nicht um Vergebung ihrer Schuld gebeten

haben, so wollen sie auch von christlich denkenden Ge-
fängnißfreunden sich nicht helfen lassen. Froh, dem
steten Zuspruch des Seelsorgers und dem gottesdienst=
lichen Zwange zu entgehen, vertrauend auf die eigene
Kraft und ihre, wie sie meinen, unerschütterlichen guten
Vorsätze, beginnen sie auf's Neue ihre Lebenslaufbahn.
Aber wie selten ist's ihnen möglich, auch nur in ihrem
äußeren Lebensberufe wieder emporzukommen! Die
Zerrüttung ihres Berufsgeschäftes, welche die unaus-
bleibliche Folge ihrer Haft war, die Entblößung von
den zur Wiederherstellung desselben erforderlichen Mit=
teln, das Elend, in dem sie ihre Familie gewöhnlich
wiederfinden, namentlich aber die Verachtung, welche
ihnen als entlassenen Sträflingen auf Schritt und Tritt
begegnet und selbst die nächsten Verwandten und Freunde
von ihnen fern hält, auch die Polizei=Aufsicht, unter der
sie stehen und die nicht wenig dazu beiträgt, das Miß=
trauen und die Verachtung gegen sie zu unterhalten,
vielfach auch ihre durch den Aufenthalt im Gefängniß
geschwächte Gesundheit und der durch alle diese Erfah=
rungen herbeigeführte Gram und Zorn, der sie gegen
Gott und Menschen verbittert, vereinigen sich zu einer
verhängnißvollen Macht, welche sie in Leichtsinn oder
Verzweiflung stürzt und der sie trotz allem Stolz und
guten Vorsätzen auf die Dauer nicht gewachsen sind.
Eine Zeit lang kämpfen sie vielleicht gegen dieselbe an;
aber wenn sie sehen, daß es doch vergeblich ist, so geben
sie den Kampf auf, fallen der an allen Enden lauern=
den Versuchung und Verführung anheim und kommen
auf demselben Wege wie jene geriebenen Uebertreter
des Gesetzes — durch irgend ein kleineres oder größeres
Vergehen — wieder in's Gefängniß zurück, um dort
über ihre unglückselige Lage zu brüten und dann viel=
leicht wie Jene den Entschluß zu fassen, sich nunmehr
völlig dem Laster und Verbrechen in die Arme zu
werfen.

Und selbst die wirklich Bußfertigen und zur auf=
richtigen Sinnesänderung Erweckten, — welche Berge
von Hindernissen thürmen sich ihnen bei ihrer Rückkehr
in die Freiheit entgegen, wenn sie den geraden Weg
der Gebote Gottes und der Obrigkeit einschlagen wol=
len! Einmal glaubt die Welt nicht an ihre Bekehrung
und schilt sie wohl gerade dann, wenn sie recht tief
gedemüthigt sind und recht fest an den HErrn und sein
Wort sich anklammern, Heuchler und Schelme; das
schneidet dann eisigkalt wie der Nordwind durch die
ohnehin so erregbare Seele und droht die heilige Flamme
der Buße, die der Geist Gottes in ihnen entzündete,
wieder auszulöschen. Oder wenn sich wirklich mitleidige
Menschen finden, die sich ihrer annehmen, so ist's selbst
für Diese nicht immer leicht, sie wieder in der mensch=
lichen Gesellschaft einzubürgern. Entweder verstehen die
Entlassenen überhaupt kein Geschäft, das sie ernähren
könnte, oder es findet sich gerade für ihre Fähigkeiten
keine Gelegenheit, sie zu verwerthen; oder die Opfer an
Geld und Zeit sind zu groß, als daß die einzelnen
Wohlthäter für sich allein sie aufbringen könnten. Oft
wäre auch eine Verpflanzung des Entlassenen in ganz
neue Verhältnisse sowohl um seines sittlichen als äußeren
Wohles willen erforderlich und gerade hierzu findet sich
keine Gelegenheit; oder es ist auch deshalb nicht mög=
lich, ihm gründlich zu helfen, weil ihm die sittliche
Thatkraft und Kenntniß des practischen Lebens fehlt,
die erforderlich wäre, um ein neues und gesichertes Da=
sein zu begründen, — eine Erscheinung, die selbst bei
christlich angeregten Entlassenen sehr häufig wiederkehrt
und eine natürliche Folge theils ihrer früheren Ver=
wahrlosung, theils des längeren Gefängniß=Lebens ist,
welches so leicht auf Leib und Seele entnervend ein=
wirkt. Nehmen wir noch hinzu, daß die Familie des
Entlassenen gewöhnlich ebenso verkommen ist, wie er
selbst, und während des Aufenthalts des Vaters oder

der Mutter im Gefängniß noch mehr herabsinkt, ja, daß der Entlassene oft die heiligsten Familienbande bei seiner Rückkehr ganz zerrüttet wiederfindet, so liegt es auf der Hand, daß es selbst im besten Falle immer noch ungemein schwierig ist, den Entlassenen auf der Bahn des Guten zu erhalten.

Daher sieht das Auge des treuen Gefängniß=Seel= sorgers und der gewissenhaften Gefängniß=Beamten den scheidenden Gefangenen meist mit der tiefsten Wemuth, immer mit ernster Sorge nach. Die Noth der Ent= lassenen erscheint ihnen mit Recht größer noch als die Noth der Gefangenen, weil bei Diesen in der Regel alle wohlthätigen Einflüsse zu ihrer Rettung, bei Jenen aber alle schlimmen Einflüsse zu ihrem Verderben sich vereinigen. Aus Zelle und Fessel, aus der Zwangs= arbeit und übler Gefängnißluft sind sie entlassen, — aber sind sie nun nicht auch aus der Zucht der Ge= rechtigkeit und der Arbeit der Liebe entlassen und auf's Neue wie ein Spielball allen Versuchungen zum Bösen preisgegeben?

Die Thatsachen, welche auch in den Berichten der Rheinisch=Westfälischen Gefängnisse in dieser Beziehung registrirt werden, werfen ein helles Schlaglicht auf diese allgemeinen Erfahrungen.

Nach einer officiellen Zusammenstellung belief sich z. B. die Zahl der Entlassenen aus dem Zuchthause zu Werden für den Zeitraum vom 1. Juni 1832 bis da= hin 1832 auf 431. Von Diesen waren als gebessert anzusehen 133, als ungebessert 52, als zweifelhaft 157 und bereits innerhalb Jahresfrist rückfällig gewor= den 89!! Mit andern Worten: als gebessert konnte nur ungefähr ein Drittel angesehen werden, als zwei= felhaft nicht ganz ein Drittel und als entschieden nicht gebessert ein gutes Drittel, und bildeten unter den Letzteren die schon innerhalb Jahresfrist rückfällig Ge= wordenen etwa zwei Drittheile oder von der ge=

sammten Zahl der Entlassenen ein Fünftel! Doch
setzt der Berichterstatter hinzu, daß auch unter den als
gebessert Entlassenen nur Solche zu verstehen seien, die
sich während ihrer Haft so musterhaft geführt, daß sie
auf Grund eines Entlassungszeugnisses ein den Bedürf=
nissen entsprechendes Unterkommen durch Hülfe der Ver=
eine erhalten hätten, daß aber auch unter Diesen noch
Viele seien, die den Erwartungen nicht entsprochen, ja,
auch manche Rückfällige, so daß das oben angegebene
Verhältniß eigentlich noch zu günstig dargestellt ist. —
Aus dem Correctionshause zu Trier wurden in
demselben Jahre 544 Gefangene, und zwar 433 Män=
ner und 111 Weiber entlassen; das Verhältniß dersel=
ben in Beziehung auf ihre sittliche Besserung war etwa
dasselbe wie in Werden.

Unter den 61 Häuslingen, welche im Jahre 1844
in die Provinzial=Arbeitsanstalt zu Benninghausen
aufgenommen wurden, befanden sich 29 — also fast die
Hälfte — Rückfällige. Aus dem Arresthause zu Cöln
gingen 140 solche Individuen hervor, deren sich der
Verein annahm, weil er bei ihnen Hoffnung auf
Besserung hegen zu dürfen glaubte. Doch hielten sich
von diesen 140 nur 5 musterhaft, 47 gut und 35 mit=
telmäßig, während 35 rückfällig wurden und 18 sich
der Aufsicht des Vereins durch Wohnungswechsel xc.
entzogen. Ebenso meldet die Tochtergesellschaft zu Düs=
seldorf, daß sie sich in derselben Hoffnung auf Bes=
serung für 107 Entlassene verwandt habe, unter Diesen
jedoch nur 26 als gebessert bezeichnen dürfe. Am gün=
stigsten stellte sich natürlich die Besserung bei den
Jugendlichen heraus, bei welchen sich durch Unter=
richt und Erziehung, Separation im Gefängnisse und
Unterbringung in christlichen Familien am ehesten etwas
erreichen läßt, und konnte es z. B. von Brauweiler
berichtet werden, daß von 38 Kindern nur 3 den Er=
wartungen, die man sich während der Haft von ihrer

Besserung machen durfte, nicht ganz und nur Eins davon gar nicht entsprochen habe.

Ueberhaupt ist es die große Zahl der sogenannten Recidiven (Rückfälligen), die am lautesten von den Gefahren des freien Lebens für die Entlassenen zeugt. Unter den 377 Individuen, welche im Jahre 1833 in der Provinzial-Arbeitsanstalt zu Brauweiler aufgenommen wurden, befanden sich z. B. 142, also mehr als ⅓ Rückfällige; unter den 197 Weibern, welche in demselben Jahre in das Gefängniß zu Aachen eingebracht wurden, sogar 96, also beinahe die Hälfte, und unter den 791 Männern 290, also fast ¾ Rückfällige! Die Gesellschaft erklärt zwar die außergewöhnliche Höhe der zuletzt angegebenen Zahlen dadurch, daß im Gefängniß zu Aachen damals weder Seelsorge noch Unterricht stattfand. Aber nach einer genaueren Berechnung belief sich die Zahl der Rückfälligen auch in besser bedienten Gefängnissen durchschnittlich auf ¼ der zur Haft Gebrachten, und die Frage: was geschehen könne, um den Rückfall zu verhüten? beschäftigte deshalb die Behörden so lebhaft, daß auch die Gefängniß-Gesellschaft um eine Beantwortung derselben von dem Königl. Oberpräsidium angegangen wurde, denn „es pflegten die Gefangenen bei der wiederholten Verhaftung nicht nur immer tiefer zu sinken und immer weniger Hoffnung zur Besserung zu geben, sondern es würden durch die Rückfälligen auch andere zum ersten Male Verhaftete immer mehr und mehr verdorben." Die Gesellschaft erwiederte u. A.: Eine Hauptursache dieser häufigen Rückfälle habe man darin gefunden, daß die Rückfälligen bisher bei dem wiederholten Eintritt in die Gefangenhäuser in gar keiner Hinsicht strenger als die zum ersten Male Verhafteten behandelt würden, und wenn die Verwaltung sie den Letzteren ganz gleich stelle, sie sich nun auch in ihrer eigenen Schätzung denselben gleich stellten, so daß sie in Frechheit und List sich vor Jenen auszeichnend, mit

einer Art von Vorrecht die erste Rolle unter den Gefan=
genen glaubten spielen zu dürfen, und diese leider! nur
zu oft mit dem verderblichsten Einflusse auf die Demorali=
sirung der Uebrigen durchführten. Jedem aus dem
Gefängniß Entlassenen müsse daher bei dem Austritt die
Warnung ertheilt werden, welche Behandlung ihm be=
vorstehe, wenn er abermals der Strafe des Gesetzes
verfalle u. s. w." Auch nachdem das Gefängnißwesen im Allgemeinen
schon bedeutend gebessert und namentlich für Seelsorge
und Unterricht in den größeren Gefängnissen der beiden
Provinzen ziemlich ausreichend gesorgt war, blieb die große
Zahl der Rückfälligen eine beklagenswerthe Erscheinung.
In dem Justizjahre 1838/39 wurden z. B. nach einer
Uebersicht, welche der Generalprokurator der Gesellschaft
mittheilte, in den innerhalb der Rheinprovinz gelegenen
Gefängnissen 93137 Personen (jedoch mit Ausschluß der
wegen Forst= und Feldfrevel Verurtheilten) detinirt.
Unter diesen waren 72571 Personen zum ersten Male
bestraft, also 21566 oder über ¼ derselben rückfällig
geworden! Darunter waren wieder 13017 nur einmal
früher bestraft, 5510 zweimal und 2038, welche bereits
drei oder mehrere Male bestraft worden waren! Der
Berichterstatter bemerkt dabei: wenn man den Zeit=
punkt der Rückfälle der einzelnen Sträflinge verfolge,
so ergebe sich, daß die meisten sehr bald nach der
Entlassung einzutreten pflegten, was auch mit den
Erfahrungen anderer Länder übereinstimme, indem z.
B. von 518 französischen Galeeren=Sträflingen 10 pCt.
in dem ersten Jahre nach ihrer Entlassung
wieder wegen ähnlicher Verbrechen und von anderen
Gefangenen 13 pCt. binnen Jahresfrist wieder vor die
Gerichte gestellt wurden, fast Alle wegen Vergehen und
Verbrechen, welche sie in den ersten Monaten nach ihrer
Entlassung begingen.

Eine besonders beklagenswerthe Klasse der Detinirten

bilden auch in dieser Hinsicht die liederlichen Dir=
nen. Allein aus der Arbeitsanstalt Pützgen bei Bonn,
welche eine Zeitlang lediglich zur Aufnahme derselben
bestimmt war und im Jahre 1855 85 Personen aufnahm,
wurden in diesem Jahre 43 entlassen, und unter jenen
85 befanden sich 30 Rückfällige. „Wenn es schon or=
dentlichen Personen schwer fällt", heißt es gelegentlich
dieser Angabe, „bei einer ordentlichen Herrschaft einen
Dienst zu erlangen, wie vielmehr muß dies der Fall
bei denjenigen Personen sein, welche schon wegen ihres
unsittlichen Lebenswandels bestraft sind! Demnach kann
es nicht befremden, daß fast der dritte Theil der
Neuaufgenommenen aus Rückfälligen bestand. Entsetzlich
ist aber die Thatsache, daß unter den Neuaufgenomme=
nen sich 2 Personen von nur 17 und 6 von 16 Jahren
befanden!" — Und mit welchen Gesinnungen verlassen die
Meisten solch eine Anstalt? Nur Eine unter jenen 43
hatte sich entschlossen, in's Asyl nach Kaiserswerth zu
gehen; eine Andere war zwar für das Kloster „zum
guten Hirten" in Aachen angemeldet, traf jedoch dort
gar nicht ein; die Uebrigen fanden es von vornherein
für besser, ihre eigenen Wege zu gehen und sich mit der
Stellung unter Polizei=Aufsicht zu begnügen.

Wie solche übel gesinnte Entlassene, wenn sie sich
selbst überlassen bleiben, rasch von einer Stufe des La=
sters zur anderen hinabsinken, das bedarf wohl kaum
eines Nachweises. Unlust zur Arbeit und Neigung zum
Vagabundiren ist bei einem großen Theile derselben die
Veranlassung ihres abermaligen Falles; bei Anderen der
schlimme Gebrauch, den sie von ihrer wieder erlangten
besseren Lage machen, indem sie sich dem Trunk und
Spiel, dem Wirthshausleben und dem Besuche schlechter
Häuser hingeben; bei Vielen ist es die Verbindung mit
andern Verbrechern, in welche sie fast unausweichbar
gerade deshalb zurückgerathen, weil sie durch die Gesetze
gezwungen sind, in ihren früheren Wohnort zurückzu=

kehren. Bei Allen wirkt als Hauptfaktor die zur Lei=
denschaft und zum unüberwindlichen Hange gewordene
Sünde, und es ist daher erklärlich, daß bei einem gro=
ßen Theile der Entlassenen überhaupt gar keine Ret=
tungsarbeit möglich ist, — sie gleichen dem Ertrinken=
den, der sich mit aller Gewalt gegen Den zur Wehr setzt,
der ihn retten will, — daß aber auch die Versuche der
Rettung, wenn sie gleichwohl von barmherzigen Men=
schenfreunden angestellt werden, vielfach als vergeblich
wieder aufgegeben werden müssen.

So berichtet die Elberfelder Tochtergesellschaft,
daß sie im Jahre 1865/66 einige vierzig Entlassene in
Pflege gehabt habe; aber bei einzelnen Personen seien
die wiederholt gemachten Rettungsversuche so gescheitert,
daß man sie zuletzt aufgeben mußte. Sechs Entlassene
dieses Jahres konnte die Gesellschaft gar nicht in Pflege
nehmen, weil die Fruchtlosigkeit neuer Rettungsversuche
vorläufig noch zu sehr auf der Hand lag. Einer der=
selben hatte sich in der Haft viele Disciplinarstrafen zu=
gezogen. Ein Anderer war bei seiner baldigen Wieder=
verhaftung so betrunken, daß er in's Gefängniß getra=
gen werden mußte! Eine Dritte, eine sehr verrufene
Person, war schon viermal erfolglos bestraft worden und
wollte auch jetzt noch nicht von ihrem bösen Wesen
lassen. Außer Diesen entzogen sich zwei der Pflege der
Gesellschaft, nämlich ein Frauenzimmer, weil sie lieber
stehlen als arbeiten mochte, und ein Mann, weil er sich
wieder dem Spiel und Trunk ergeben hatte. Sechs
Angemeldete waren gar nicht einmal erschienen, und das
frühere Leben dieser Leute war der Art, daß man den
Grund ihres Nichterscheinens leicht errathen konnte. Ein
sich selbst Anmeldender mußte durch erkünsteltes Blut=
brechen Aerzte und Nichtärzte so zu täuschen, daß er
ein vorläufiges Unterkommen und von einem sehr mild=
thätigen christlichen Herrn Reisegeld bekam; erst als er
weg war, wurde sein Betrug entdeckt. Auch Manchen

der in Pflege Stehenden konnte der Verein leider! kein
Lob spenden. Einige derselben wurden bald wieder ge=
fänglich eingezogen. Ein Frauenzimmer saß in einem
Jahre zweimal, weshalb man sie bei ihrer zweiten
Entlassung nicht in Pflege nehmen wollte. Ein Jüng=
ling, dessen Vater ebenfalls in Elberfeld saß, war kaum
aus seiner auswärtigen Haft entlassen und nach Elber=
feld zurückgekehrt, als er auch schon wieder eingesperrt
werden mußte. Eine Diebin konnte selbst im Gefängniß
das Stehlen nicht lassen. Um Weihnachten durfte sie
die Strafanstalt mit sechs Thalern Ueberverdienst ver=
lassen. Statt sich nach einer ordentlichen Stelle umzu=
sehen, hing sie sich an einen ganz verlaufenen Mann,
der ihr nur so lange treu blieb, als die sechs Thaler
reichten. Später soll sie in ein übel berüchtigtes Haus
gegangen sein. Und so machten es leider manche
Frauenzimmer, selbst Mädchen von 16 oder 17 Jahren.
Ein solches Mädchen, das etwa 17 Jahre alt und noch
nicht confirmirt war, hatte doch schon dreimal im Ge=
fängniß gesessen!

Von welcher bodenlosen Gewissenlosigkeit das In=
nere dieser Unglücklichen oft zerfressen ist, und wie
Mancher, der Anfangs noch einiges Schamgefühl zeigt,
dasselbe in wenigen Monaten im Gefängniß gänzlich
verliert, davon nur ein Beispiel statt vieler. Ein Ge=
fangener des Elberfelder Gefängnisses schrieb kurz vor
seiner Entlassung heimlicher Weise in sein zurückbleiben=
des Zellen=Testament: „Aeeg wel ög ens gähd sagen,
ähd es keinen himehl on og Kenöhle wann ier kabud
sid dan örd ähd ohb, drum ier Spezbufen nämb äd
wo ier ähd kriegen könd on lob ög ähser nied kriegen.
Amen." (Zu hochdeutsch: „Ich will euch einmal etwas
sagen: es giebt keinen Himmel und auch keine Hölle;
wenn ihr todt seid, dann hört es auf. Drum, ihr
Spitzbuben, nehmet es, wo ihr es kriegen könnt, und
laßt euch aber nicht kriegen! Amen.") Kann man bei

solchen Gesinnungen — und sie stehen in der Verbre=
cherwelt wahrlich nicht vereinzelt da — etwas Anderes
erwarten als steten Rückfall und immer tieferes Ver=
sinken in die Gewalt des Bösen? Kann man sich wun=
dern, wenn die Gefängnisse auch solche Insassen aufzu=
weisen haben, die zum 20ten Male und öfter noch
inhaftirt wurden?

Fügen wir den bereits angeführten Beispielen ver=
geblicher Arbeit an den Entlassenen noch einige der Er=
fahrung der Gefängniß=Gesellschaft entnommene hinzu!

Der Düsseldorfer Hülfsverein berichtet im
Jahre 1865, daß ein früher von ihm gepflegtes, dann
wegen ihres Rückfalls in das alte Lasterleben aus der
Pflege entlassenes Mädchen unter Anklage der Verübung
von 17 Diebstählen dem Gefängniß wieder verfallen
sei und gegenwärtig eine 5jährige Zuchthausstrafe ver=
büße, während ihr inzwischen geborenes uneheliches
Kind auf Kosten der Stadt in einer ordentlichen Fa=
milie untergebracht sei. — Ein Entlassener, der von
demselben Vereine früher einem Asyle übergeben war,
aus diesem aber leider! wieder entlassen werden mußte,
meldete sich, sehr herunter gekommen, vielleicht auch
durch die Noth innerlich etwas zerschlagen und ange=
faßt, im Februar des Jahres 1865 mit der Bitte um
eine letzte Hülfe zur Auswanderung in eine auslän=
dische größere Stadt. Sie wurde ihm in Verbindung
mit Andern gewährt und er nach seinem Wunsche zur
Reise unterstützt, auch einiges Geld an einen Freund
in jener Stadt vorausgeschickt. „Als ich", — schreibt
nachher der Pflegling selbst, — „zu Herrn N. hinkam,
glaubte ich, ich würde das Geld empfangen und dann
mit einigen kalten Redensarten abgespeist werden. Aber
nein, ich war Sonnabends gekommen, Sonntags mußte
ich wiederkommen, und der reiche Kaufmann schämte
sich nicht, neben mir in meinem ärmlichen Anzuge zur
Kirche zu gehen und mich dort neben sich sitzen zu lassen

und mich Mittags an seinen Tisch mitzunehmen. Und andern Tags nahm er mich in sein Comptoir auf." Dort arbeitete er mehrere Monate, und als er krank wurde und nach Düsseldorf zurück wollte, ließ ihn sein Principal auf seine Kosten mehrere Wochen im Krankenhause verpflegen, während der Düsseldorfer Verein Geld und Kleider zu seiner Unterstützung schickte. Und doch, troß aller Liebe, die ihm namentlich von Seiten jenes liebreichen Kaufmanns erwiesen, — nach den letzten Nachrichten waren wieder große Schwankungen eingetreten. Er war warm geworden, hatte sich der Arbeit und Aufsicht völlig wieder entzogen und bald darauf ist er auf Kosten jenes Freundes — nach Amerika gegangen!

Eine ähnliche bittere Erfahrung machte der Düsseldorfer Hülfsverein an einer höchst verkommenen und raffinirten Person, die von ihm an einen Pfarrer in L. empfohlen wurde, um dort einen passenden Dienst zu finden. Obgleich sie, bis sie einen andern Dienst fand, mehrere Wochen in des liebreichen und opferwilligen Geistlichen eigenem Hause war, so kehrte sie doch bald unter allerhand lügnerischen Vorwänden nach Düsseldorf zurück, meldete sich zuerst bei'm Verein und sollte auch in weitere Pflege genommen werden. Es stellte sich jedoch sehr bald heraus, daß sie in Düsseldorf ganz den alten Verkehr hatte und die früheren lasterhaften Wege ging. Deßhalb aus der Pflege entlassen, fiel sie wieder und machte aus dem Gefängniß einen zweimaligen Ausbruch. Seit dem letzten ist sie auch für die Obrigkeit spurlos verschwunden.

Eine Frau in Elberfeld war ihres liederlichen und verschwenderischen Lebens wegen schon seit vielen Jahren berüchtigt und kam endlich wegen Untreue in's Gefängniß. Nach Verbüßung ihrer Strafe in Köln kehrte sie nach Elberfeld zurück und nahm den dortigen Verein in Anspruch). Der immer willige und thätige Ausschuß desselben that für diese Frau, was er nur konnte. Es wurde ein Zimmerchen gemiethet; die nothwendigsten Möbel wurden angeschafft; für einige Kleidung, Bett und Bettzeug wurde gesorgt. Ein fleißiges Mitglied des Frauenvereins bemühte sich mit dem besten Erfolge um Näharbeit für die Entlassene, und Letztere konnte jetzt auf einen besseren Weg kommen. Statt dessen aber betrat sie den Weg der öffentlichen Unzucht, so daß der Verein seine Hand zurückziehen mußte.

Einem 56jährigen Manne, der schon öfters bestraft war und an dem derselbe Verein schon viel gethan hatte, gab der Gefängnißgeistliche nach seiner letzten Entlassung einige wenige Groschen für Essen und Logis. In der Regel wird dem Entlassenen kein Geld gegeben; in diesem Falle aber ging es nicht gut anders. Zu den Groschen gab der Geistliche dem Alten auch einige ernste Ermahnungen mit; er mußte aber bald erfahren, daß letztere nichts gefruchtet hatten. Der Alte hatte nämlich die Groschen vertrunken und sogar sein Neues Testament, welches er zu Weihnachten bekommen, vor einem Wirthshause versteigert. Es blieb nichts anderes übrig, als den unglücklichen Mann dem Armen= hause zu überweisen, dessen Vorstand freundlich genug war, ihn aufzunehmen, um die letzte Rettungsarbeit an ihm zu versuchen.

Genug der Belege für das Elend der Entlassenen. Dasselbe mußte der Gefängniß=Gesellschaft ebenso groß, wo nicht größer noch als die Noth der Inhaftirten er= scheinen, und gerade hier war das Arbeitsfeld, auf dem sie ihre frei wirkenden Kräfte am Besten verwenden und erproben konnte. Werfen wir auch auf diese ihre Arbeit einen kurzen Blick!

„Die Liebe hoffet Alles."
1. Cor. 13, 7.

Um die Tausende von Gefangenen, welche jährlich
aus den Gefängnissen Rheinlands und Westfalens ent=
lassen wurden, vor tieferem Falle zu bewahren und sie
wo möglich aus ihrem Verderben zu erretten, war es
natürlich nicht genug, daß an allen größeren Orten
da, wo sich Gefängnisse befanden, Tochtergesellschaften
und Hülfsvereine in's Leben gerufen wurden, sondern
es mußte womöglich für jeden Gefangenen, der der
Pflege bedurfte, an dem Wohnorte, wohin er entlassen
wurde, Jemand gefunden werden, der in Verbindung
mit den Gefängnißbeamten und der Gefängnißgesellschaft
für das fernere Heil der Entlassenen in den Riß trat;
und wir sahen schon, wie wirksam der Düsseldorfer
Ausschuß in dieser Richtung seine Thätigkeit entfaltete.
Bereits im Jahre 1833 waren 9 Tochtergesellschaften
und 45 Hülfsvereine gegründet. Die Zahl der Ersteren
stieg allmälig auf 16, die der Letzteren belief sich ein=
mal sogar auf mehr als 100, und es gab ganze land=
räthliche Kreise und Regierungsbezirke (z. B. Münster),
wo fast in jeder Gemeinde ein kleiner Vorstand für die
Pflege der Entlassenen gebildet war. Es darf jedoch
nicht verschwiegen werden, daß viele von diesen Ver=
einen allmälig wieder erlahmten, sei es, daß es ihnen
an hinreichender Beschäftigung fehlte, wie das an
kleineren Orten natürlich ist, sei es, daß das innere
Interesse wieder erlosch. Die Gesellschaft beschränkte
sich deßhalb auch im Laufe der Zeit immer mehr darauf,
an den hervorragendsten Orten eigentliche Hülfsvereine
zu gründen und diese mit der am Gefängnißorte be=
stehenden Tochtergesellschaft in gliedliche Verbindung zu
bringen, wogegen sie für die Pflege der Entlassenen an
den kleineren Orten die bürgerlichen und kirchlichen
Organe oder einzelne besonders befähigte und willige

Menschenfreunde zu gewinnen suchte. Selbst an den Orten, wo Vereine bestanden, erwies es sich als zweckmäßig, einzelne Freunde aufzusuchen, welche für das Wohl der Entlassenen ein besonders warmes Herz haben und durch ihre Lebensstellung befähigt sind, dasselbe zu befördern, um Diesen die Entlassenen mit guter Zuversicht zuweisen und ihre Hülfe in besonderen Fällen in Anspruch nehmen zu können. Es bestätigte sich hierin die alte Erfahrung, daß nicht immer die große Zahl der Bereitwilligen die wirkliche Hülfe bedingt, sondern der Ernst, mit welchem der Einzelne und vielleicht Alleinstehende die erforderliche Hülfe als seine persönliche Pflicht erkennt.

Wenn es gleichwohl nicht möglich war, allen Entlassenen die Hülfe der Gesellschaft angedeihen zu lassen, theils weil es an den rechten Leuten und hinreichenden Mitteln fehlte, theils weil die Entlassenen der Hülfe nicht bedurften oder sie verschmähten, so zeugen doch die Zahlen der von den einzelnen Vorständen in Pflege Genommenen von der rüstigsten Thätigkeit der Gesellschaft auf diesem großen und wichtigen Gebiete. So erstreckte sich die Thätigkeit · der Kölner Tochtergesellschaft im Jahre 1841 auf 114 Personen; die der Herforder in demselben Jahre auf 171, welche jedoch nicht alle mit Geldmitteln unterstützt zu werden brauchten; die der Werden'schen im Jahre 1846 auf 74, von welchen den Hülfsvereinen zu Werden 41, zu Essen 16, zu Wesel 8, zu Mülheim 5, zu Emmerich 2 und zu Gahlen 2 überwiesen wurden; die der Elberfeld=Barmer Tochtergesellschaft im Jahre 1860 auf 67, die des Düsseldorfer Hülfsvereins auf 29, die des Crefelder auf 32 u. s. f. Im Jahre 1864—65 hatte die Elberfeld=Barmer Tochtergesellschaft 124 Entlassene in Pflege, im Jahre 1863—64 der Elberfelder Hülfsverein allein 98. Fast durchgehends kann aber von sämmtlichen Vereinen berichtet werden, daß sie sich aller Entlassenen, die ihnen zugewiesen worden, in irgend einer Weise ange= nommen. So berichtet der Vorsitzende des Hülfsvereins zu Tecklenburg im Jahre 1858: „Die Vorsorge für entlassene Strafgefangene im hiesigen Kreise wird durch Orts=Gefängnißvereine, welche meist aus den Geistlichen, Ortsbehörden und einzelnen Gemeindever= tretern und Einsassen bestehen, fort und fort wahrge= nommen. Sobald mir die Entlassung eines Strafge= fangenen bekannt wird, pflege ich ihn der Fürsorge des betreffenden Ortsvereins durch die Ortsbehörde (der Vorsitzende ist der Landrath des Kreises T.) noch be= sonders zu empfehlen. Es wird darauf von dieser für Unterkommen und passende Beschäftigung, in dringenden Fällen für einen Vorschuß zur Anschaffung von Hand= werkszeug und Ackergeräthen, von den Geistlichen für Beaufsichtigung gesorgt. Der Eifer für die Gefängniß= sache ist durch eine Verfügung der Königl. Regierung vom 10. Juni 1856, welche ich mit warmer Emp= fehlung und ordentlich zu berücksichtigenden Weisungen allen Ortsbehörden schriftlich mitgetheilt habe, neu ge= weckt.“

Weil aber gleichwohl noch genug Gebiete vorhan= den sind, in welchen sich kein Organ für die Pflege der Entlassenen findet, so hat die Gefängniß=Gesellschaft neuerdings beschlossen, nach dem Vorbilde einiger evangelischer Kreissynoden, welche als solche die Ent= lassenen=Pflege zu ihrer Aufgabe machten und ein Comité ernannten, welches mit den betreffenden Pres= byterien in jedem einzelnen Falle die Hülfe und Auf= sicht über die Entlassenen in Berathung zieht, Synodal= Hülfsvereine in's Leben zu rufen, welche namentlich in solchen Gemeinden und Gegenden, aus denen wegen ihrer geringen Bevölkerung oder besseren sittlichen Zu= stände seltener Verbrechen hervorgehen, die Pflege der= selben bei ihrer Entlassung zu übernehmen haben.

Die Ueberweisung der Entlassenen an die Vereine geschieht häufig in der Weise, daß die Gefängniß-Direktionen den betreffenden Tochtergesellschaften 1—2 Monate vor der Entlassung die zu entlassenden Gefangenen namhaft machen und eine nach Rubriken geordnete Charakteristik derselben beifügen. In diesen Listen wird sogleich bemerkt, ob die zu Entlassenden auf die Hülfe der Gesellschaft Anspruch machen oder nicht; oder es begeben sich auch Mitglieder des Vorstandes in das Gefängniß, um die Gefangenen selbst zu fragen, ob sie der Hülfe bedürftig seien; in den meisten Fällen übernehmen diese Thätigkeit jedoch die Gefängniß-geistlichen. Gleichzeitig wird den Ortsgeistlichen (so haben es die Herren Oberpräsidenten beider Provinzen auf Antrag der Gesellschaft im Jahre 1861 verfügt) und Communalbehörden Kenntniß von der Rückkehr der betreffenden Gefangenen gemacht. — Die Entlassung selbst geschieht hie und da (z. B. in Cleve im Jahre 1840 ff.) in Verbindung mit einer gottesdienstlichen Feier, welche den Zweck hat, an die Entlassenen Ermahnungen zu richten und mit ihnen zu beten. Die Gefängnißgeistlichen setzen sich durch briefliche Empfehlungen, welche sie den Entlassenen mitgeben, mit den Vorständen der Vereine in Verbindung, und diese ernennen in der Regel ein Vereinsmitglied als besonderen Pfleger für jeden Entlassenen, während die Art und Weise der Aufsicht und Unterstützung auf dessen Antrag in gemeinschaftlicher Sitzung beschlossen wird.

Die Unterstützung selbst besteht vorzugsweise in Beschaffung von Arbeit, Arbeitsgeräthen, Wohnung, Kleidungsstücken u. dgl., nur im Nothfall in baarem Gelde, da ohnehin die Entlassenen gewöhnlich in den Gefängnissen so viel „Ueberverdienst" zurücklegen konnten, daß sie damit in der ersten Zeit nach der Entlassung ausreichen. (In Herford hatten sich z. B. einzelne Gefangene im Jahre 1839 einen Ueberverdienst

von 10, 15, 20, ja 30 bis 60 Thlr. erspart; 36 Ent=
lassene erhielten zusammen 163 Thlr.; und nicht selten
kommt es vor, daß Gefangene von ihrem Ueberverdienst
schon während ihrer Haft die Ihrigen unterstützen.)
„So wünschenswerth" — heißt es deshalb in einem
Berichte — „den Vereinen eine recht reichliche Ver=
mehrung der zu ihrem Wirken unentbehrlichen Geld=
mittel ist, so muß es ihnen doch unendlich mehr werth
sein, wenn recht viele wohlgesinnte und einsichtsvolle
Männer zur Beaufsichtigung und Leitung der entlas=
senen Strafgefangenen und zu der ihnen zu gewähren=
den Hülfe sich ihnen anschließen. Auch darf diese Hülfe
nie den Charakter der Almosenspendung annehmen,
damit nicht dem Vereine mit Recht der Vorwurf gemacht
werden könne, daß er Menschen, die in Folge ihrer
Verbrechen in Bedrängniß sind, eine Hülfe gewähre,
die den ohne ein solches Verschulden Bedürftigen ge=
höre. Es darf nie vergessen werden, daß überhaupt
diese Hülfe nicht Zweck des Vereins ist, sondern nur
Mittel zu dem Zwecke sein soll, die entlassenen Straf=
gefangenen auf den Weg der Besserung zu führen und
auf demselben zu erhalten; daß überhaupt dieselbe nur
darin bestehen soll, den Entlassenen rechtlichen Erwerb
durch angemessene Arbeit zu verschaffen. Wer da=
her von ihnen nicht arbeiten will, bei dem kann und
darf eine solche Hülfe ebenso wenig eintreten, als bei
Denen, die dazu körperlich unfähig sind; erstere fallen
ausschließlich der Polizei anheim, letztere der Armen=
pflege."

Eine besondere Aufgabe fällt den Gefängniß=Ver=
einen noch in der Pflege der Familien der Inhaf=
tirten für die Dauer der Haft zu. Wie oft müssen
die unmündigen Kinder verbrecherischer Eltern oder die
im Gefängniß ehelich oder unehelich gebornen Kinder
untergebracht werden! Wie nöthig ist es, namentlich
den hinterbleibenden Müttern und Kindern, wenn der

Vater im Gefängniß sitzt, durch Verabreichung von Arbeit, Geld und Nahrungsmitteln beizuspringen, da die von den Armen=Verwaltungen gesetzlich zu entrichtenden Pflegegelder gewöhnlich nicht ausreichen und die Gefahr des Verkommens solcher Familien um so größer ist, je weniger Neigung die meisten Menschen zeigen, der Verbrecher=Familien sich anzunehmen! Wie wichtig ist es zudem, schon durch diese vorangehende Pflege der Familie das Vertrauen des Inhaftirten zu gewinnen, den man bei seiner Entlassung auf den rechten Weg leiten möchte! Welche erwünschte Gelegenheit bietet sich dem christlich gesinnten Menschenfreunde, gerade die Schuld des Gefangenen und die Noth der Hinterlassenen zum ernsten Hinweise auf das Wort: „Die Sünde ist der Leute Verderben" und zu herzlicher Ermahnung zur Buße und Sinnesänderung zu benutzen! Und vor welchen Greueln werden die Familien vielleicht durch seinen treuen Besuch und Zuspruch bewahrt! — Ein Zuchthausprediger berichtete bei einer Jahresfeier der Gefängniß=Gesellschaft, daß nach seinen Erfahrungen in je 20 Fällen 17 Mal die Weiber der inhaftirten Männer untreu würden! — Welch eine Masse von Sündenelend, Fluch, Noth und Jammer aller Art mag aber ein einziger derartiger Fall nach sich ziehen, wo der Mann bei seiner Rückkehr aus dem Gefängnisse sein Weib als eine Ehebrecherin wiederfindet oder erfährt, daß das eine oder andere seiner Kinder in ein Staats=Arbeitshaus gebracht sei, weil es bettelnd umhergelaufen! „Ist es da nicht eine köstliche Christenarbeit, — fragt ein Berichterstatter, — und wohl des Schweißes werth, die Weiber und Kinder der inhaftirten Männer in christliche Zucht, Pflege und Obhut zu nehmen, damit der Mann bei seiner Nachhausekunft aus dem Gefängniß gleichsam in eine andere Luft eintrete, von einem stillen, arbeitsamen, betenden Weibe, von Kindern, die Gott den HErrn fürchten, empfangen

werde?" — Auch darauf weisen die Erfahrungen hin,
daß es in nicht wenigen Fällen die Aufgabe der Vereine sein wird, die Familien der Inhaftirten mit diesen
selbst wieder auszusöhnen. Gerade die Frauen, welche
noch eines unbescholtenen Rufes genießen und vielleicht
ohne ihren verbrecherischen oder leichtsinnigen, trunksüchtigen und jähzornigen Mann ein glücklicheres Leben
führen, als wenn sie den Ausbrüchen seiner Rohheit
preisgegeben sind, werden sich am ehesten der Wiederaufnahme desselben widersetzen, und auch herangewach-
sene Kinder, welche tief die Schande und den Nachtheil
empfinden, den das Vergehen ihrer Eltern über sie gebracht, werden sich oft weigern, die aus dem Gefängniß zurückkehrenden Eltern bei sich aufzunehmen oder
bei denselben zu bleiben. Ist es nun in solchen Fällen
zumeist auch die Aufgabe der Seelsorger, solche Zer-
reißung der heiligsten Bande, zumal wenn der schuldige Theil sich gebessert, zu verhüten, so wird doch die
liebevolle Pflege der Familien von Seiten der Vereine
nicht wenig dazu beitragen, dieselben versöhnlich gegen
die Schuldigen zu stimmen.

Diese vielseitige Thätigkeit der Hülfsvereine war
übrigens an einigen Orten Veranlassung, daß man den
Zweck derselben auch auf außergewöhnlichen Wegen zu
erreichen suchte. So fand sich die Elberfelder
Tochtergesellschaft im Jahre 1854 bewogen, in Gemeinschaft mit dem dortigen Enthaltsamkeitsverein einen
Diakon aus dem Duisburger Diakonenhause anzu-
stellen, der die Entlassenen und die Familien der Inhaftirten in seine besondere Fürsorge nehmen sollte.
Derselbe besuchte schon während des ersten Vierteljahrs
etwa 40 Familien. „Es drängt mich zu gestehen"
— schrieb der damalige Gefängnißgeistliche zu Elberfeld —, „daß mir dieser junge Mann in seiner rück-
haltslosen Hingabe an seinen Beruf, in seiner nie um
ein Haar breit weichenden Entschiedenheit und herrlichen

Einſeitigkeit für die Sache des HErrn, fortwährend als ein mich reizendes und zum Danke erweckendes Muſter= bild vor Augen daſteht." Und der Diakon ſelbſt ſagt: „In meiner fünfvierteljährigen Wirkſamkeit habe ich längſt die Erfahrung gemacht, daß dies ein Arbeitsfeld iſt, welches nicht unberückſichtigt bleiben darf. Denn es kommt mir vor, als werde durch das Schickſal dieſer Familien der Boden recht empfänglich gemacht zur Auf= nahme des Samens des göttlichen Wortes. Denn zum erſten werden dieſelben von faſt allen Menſchen, auch den beſten Freunden, leider nicht ſelten von ihren Bluts= verwandten verachtet oder zurückgeſetzt, auch die chriſt= lichen Freunde entſchuldigen ſich nicht ſelten damit, daß ſie ſagen: „mit dieſen Leuten iſt nichts zu machen." Dieſelben möchten es nicht ſo ſehr vergeſſen, daß ihr HErr und Heiland mit ihnen ſelbſt mehr Muth und Hoffnung haben muß, um etwas aus ihnen zu machen, und daß Er, der das Verlorne ſucht und ihm nachgeht, gerade durch dieſes Unglück, welches er ihnen ſchickt, aus dieſen Familien etwas machen will. Ich werde daher, wenige Fälle ausgenommen, mit Liebe und Freundlichkeit aufgenommen, wenn ſie ſehen, daß man ſie nicht hart anfährt und zurückſtößt, ſondern daß man an ihrer Noth mit Theil nimmt und dieſelbe mitfühlt, und daß man beſonders in ſeinen eigenen Buſen greift und ſich nicht über ſie erhebt, was man namentlich in dieſen Familien vermeiden muß." „Das Elend", ſchließt der desfallſige Bericht, „die Gefahren der Fa= milien der Gefangenen ſowie der Entlaſſenen ſelbſt ſind übrigens ſo groß, daß wir dem HErrn um immer mehr Arbeiter auf dieſem Felde ſeiner erbarmenden Liebesthätigkeit anrufen müſſen. Möge Er Herzen und Hände erwecken, die in liebender Hingabe ſich auch durch die ſchwierigſten Verhältniſſe nicht zurückſchrecken laſſen, zu ſuchen, was verloren iſt!"

Auf Veranlaſſung der Gefängniß=Geſellſchaft machen

auch die Gefängnißgeistlichen in ihren betreffenden Ge=
richtsbezirken zuweilen agentarische Reisen (deren Kosten
die Gesellschaft bestreitet), um das Interesse für das
Gefängnißwesen überhaupt und namentlich für die Ent=
lassenen in weiteren Kreisen anzuregen, Vereine zu
gründen 2c. Bei dieser Gelegenheit besuchen sie dann
auch, so viel es ihnen möglich, die aus ihren Gefäng=
nissen Entlassenen selbst, und benutzen ihre Anwesenheit
auch wohl dazu, denselben in ihrem Fortkommen mit
Rath und That behülflich zu sein. „Wie wichtig und
nothwendig das überhaupt sein kann", berichtet der
Gefängnißprediger Th. zu H., ist mir in einem Falle
gerade zu D. recht vor Augen getreten. Auf meine
Frage an einen Entlassenen, wie es ihm gehe, antwortete
er mir: „Aeußerlich ganz gut." Ich merkte es ihm
an, daß ihn etwas drückte. Auf meine weitere Frage:
was er habe, brach er in Thränen aus und klagte, daß
ihm seine Frau nicht treu sei und sogar seine junge
Tochter mit in ihr Sündenleben hineinziehe; man habe
ihm das schon früher gesagt, er habe es aber nicht
glauben wollen, jetzt jedoch sich davon überzeugt; er
sei schon lange Willens gewesen, einmal zu mir nach
H. zu kommen und mich um Rath zu fragen. Aus
einer längeren Unterredung, in der ich ihn auf Gottes
Wort, Gebet und christliches Vorbild hinwies, schien er
großen Trost genommen zu haben. Freilich gehörte er
zu den Entlassenen, die während ihrer Haft es gelernt
haben, solche Reden zu verstehen."

Wie mannigfaltig aber die Thätigkeit zur Fürsorge
für die Entlassenen im Laufe der Zeit sich gestaltet hat,
und wie reiche Mittel die einzelnen Vereine verwenden,
um bessernd auf dieselben einzuwirken, so kehrt doch die
Klage, daß es noch gar viele Orte gibt, an welchen
nichts oder doch sehr wenig für sie geschieht, oder daß
die Mittel zu einer gründlichen Hülfe nicht ausreichen
und die rechten Leute zur Pflege der Entlassenen nicht

zu finden seien, immer wieder; und das Beispiel jener Unglücklichen, die, überall zurückgewiesen, endlich aus Verzweiflung wieder dem Laster und in schrecklicherer Weise als zuvor anheimfiel, hat leider! nur zu viele Parallelen. Diese Person nämlich, eine Unzüchtige zu E., hatte ihr ausschweifendes Leben mit einem sittlichen vertauschen wollen. Innere Unruhe hatte sie dazu getrieben. Sie verließ das schlechte Haus, in welchem sie sich befand, und ging aus, um sich einen Dienst als Magd zu suchen. Aber zu ihrem Entsetzen fand sie überall, wo sie anklopfte, verschlossene Thüren; Niemand wollte sie haben. So mußte sie denn dahin wieder zurückkehren, woher sie gekommen war, und blieb in der Satanshalle, bis der Tod sie wegnahm. Aber auf ihrem Sterbebette verklagte sie noch die Unbarmherzigen, die ihr nicht zu einem besseren Leben verhelfen wollten, und ging wie eine Verzweifelnde in die Ewigkeit hinüber. — Geht es nicht vielleicht Hunderten so, wenn sich ihrer nicht die rechten Leute bei ihrem Austritt aus dem Gefängniß und den Höhlen des Lasters annehmen?!

Wenn man aber diese Gleichgültigkeit gegen die entlassenen Sträflinge so oft damit rechtfertigen hört, daß alle Mühe an dieselben doch nur verschwendet sei und daß man selbst von den scheinbar Gebesserten auf's Schmählichste hintergangen werde, so können wir das Letztere zwar nicht ganz in Abrede stellen, möchten aber dieser Ausrede das beherzigungswerthe Wort eines bewährten Gefängnißdirektors entgegenstellen: „Es ist ein viel größerer Vorwurf, ein einziges Mal einen wirklich Reumüthigen durch Mißtrauen verstoßen zu haben, als zehnmal von Heuchlern betrogen worden zu sein." Und daß es solche wirklich Reumüthige gibt, an welchen darum auch die Arbeit der Vereine ihre köstlichen Früchte trägt, das können wir Gottlob! auch aus der Geschichte unserer Gesellschaft beweisen.

So hatte der Düsseldorfer Verein besondere Freude an einem im Jahre 1863 entlassenen jungen Manne, der Jahre lang, Weib und Kind verlassend, wegen eines begangenen Diebstahls in fremden Ländern herumgezogen war und endlich, in die Heimath zurückgekehrt, ergriffen und zu mehrmonatlicher Gefängnißstrafe verurtheilt war, während seine Frau bei ihren Eltern auf dem Lande blieb. Es gelang, ihm Arbeit zu schaffen, in der er etwa zwei Monate lang allein thätig war, worauf er seine Frau, obgleich eigentlich gegen den Willen des Vereins, da derselbe eine längere Bewährung seiner Besserung wünschte, abholte. Beide begannen mit großem Ernst und Eifer ihre Arbeit, ließen sich auch willig in Beziehung auf ihr Seelenheil unterweisen. Vom Verein geleistete Vorschüsse trugen sie pünktlich wieder ab. Es ging mit der Arbeit außerordentlich knapp und durch manchen Mangel hindurch, aber allmälig besser; Eins nach dem Andern wurde angeschafft. Der HErr half durch Alles gnädig hindurch, und der Verein sah nicht blos die Existenz der Familie wieder begründet, sondern durfte auch hoffen, daß sie auf einem besseren Grunde als bisher ruhte.

Der Superintendent N. zu F. schrieb im Jahre 1865 an die Gesellschaft: „Ich beehre mich zu berichten, daß ich im vorigen Jahre nur in Einem Falle in der Lage gewesen bin, eines Gefangenen nach seiner Freilassung mich anzunehmen. Es gelang um so viel mehr, da ich auch während der Haft mich bemüht, die Verbindung zwischen ihm und den Seinigen durch fleißige Correspondenz mit ihm wieder herzustellen, ihm bei seiner Entlassung eine liebevolle und in jeder Weise entgegenkommende Aufnahme im Kreise der Seinigen, die er in fast liebloser Weise verlassen, zu bereiten, und kann ich zu meiner Freude berichten, daß jetzt nicht nur sein Verhältniß zur Gattin und zu den Eltern ein so inniges ist, wie es früher nie gewesen, sondern daß

er auch in jeder Weise ein stilles und ehrbares Leben
führt, ja, eine Gnade Gottes darin erkennt, daß er
ein Jahr gefänglich eingezogen gewesen. — Mit An=
deren, die, zum Theil nicht aus meiner Gemeinde, früher
entlassen wurden, bin ich möglichst in Verbindung ge=
blieben und habe gefunden, wie nöthig es war, auch
später mit Rath und That denselben beizustehen. —
Je länger desto mehr erscheint es mir von
Wichtigkeit, daß die betreffenden Geistlichen
mit den in Haft sich befindenden Gemeinde=
gliedern persönlich oder schriftlich in Ver=
bindung bleiben; es kann dieses für die seelsorgerische
Thätigkeit des Gefängnißgeistlichen nur fördernd sein."
(Die letztere Bemerkung aus dem Munde eines er=
fahrenen Geistlichen sollte nicht unbeachtet und in allen
Fällen, wo eben thunlich, nicht ohne Nachfolge bleiben.)
Ein 17jähriger Jüngling war seiner Jugend un=
geachtet im Jahre 1840 schon zum dritten Male Sträf=
ling im Gefängnisse zu Düsseldorf, war roh und
unwissend aufgewachsen, noch nicht confirmirt, und aller
Religionsunterricht schien an seinem harten, trotzigen
Herzen abzugleiten, so daß der damalige Gefängnißgeist=
liche Wilms ihn mit sehr wenig Hoffnung dem be=
treffenden Amtsbruder der Heimathgemeinde zuwies,
jedoch desto bringender bat, sich desselben anzunehmen.
Dieser war in keiner geringen Verlegenheit, wem in
seiner Gemeinde er den bösen, verstockten Buben an=
vertrauen sollte. Da ging ein alter, frommer Weber=
meister an seinem Hause vorbei. Er rief denselben und
bat ihn, es mit diesem Menschen zu versuchen. Dieser
übernimmt es nach kurzem Bedenken, kommt aber fast
jede Woche zum Seelsorger und klagt die bittere Noth,
die ihm der Bube verursache. Mit Singen schlechter
Lieder, mit rohem Betragen am Tische und auf allerlei
andre Weise suchte er den frommen Greis und dessen
alte Schwester täglich zu ärgern. Der Meister aber,

von außerordentlich sanftem Charakter, trägt das a n d e r t =
h a l b J a h r e mit solcher Geduld, daß er nie darüber
zankt, desto fleißiger für ihn betet und ihn mit uner=
müdlicher Liebe überhäuft. Obgleich Dieser kein Geld
von seiner Arbeit in die Finger bekommt, weiß er doch
fast jeden Sonntag dem alten Manne etwas Geld ab=
zulocken, das er im Wirthshause vergeudet. Endlich
aber schmilzt die Eiskruste bei der unablässig ihn wie
mit glühenden Kohlen überhäufenden Liebe des Meisters.
Er widerstand ernstlich den Lockungen Derer, die ihn aus
dem Hause desselben in andre Werkstätten bringen woll=
ten, da er ein sehr tüchtiger Arbeiter war.. Er hielt
sich von dem Wirthshause zurück, und wenn er sich noch
bisweilen hinein verleiten ließ, so bekannte er es doch
bald und bat es dem Meister mit Thränen ab. Auch
im Confirmationsunterrichte wurde er sehr aufmerksam,
so daß er dem Seelsorger Freude machte, und derselbe
Mensch, den der Meister Anfangs mit einem wüthenden
Löwen verglich, nahm allmählig die Lammesnatur des
wahren Christen an und verwandelte die früheren Be=
sorgnisse durch seine Sinnesänderung in die schönsten
Hoffnungen für seine Zukunft.

Aber auch da, wo von einer augenfälligen Be=
kehrung der Entlassenen durch die Liebe der Gefangenen=
freunde nicht geredet werden kann, sondern nur die
Zurückführung derselben in eine gesicherte äußere Existenz
und die Bewahrung vor dem Rückfall als Frucht ihrer
Thätigkeit vorliegt, darf die letztere dennoch nicht unter=
schätzt werden. Vielleicht wird durch dieselbe der Boden
für eine spätere tiefere Einwirkung bereitet, oder der
Segen der sich hingebenden Liebe bleibt nur vor mensch=
lichem Auge verborgen; und wenn das alles nicht wäre,
so trägt die Liebe, die um Christi willen arbeitet, ihren
Lohn in sich selber und leuchtet nur um so schöner,
wenn sie sich durch geringe Erfolge nicht entmuthigen
läßt.

An diesen geringeren Erfolgen aber fehlt es fast niemals. Der Hülfsverein in Coblenz berichtet z. B. im Jahre 1838, daß in seinem Bereiche in jenem Jahre 61 entlassene Sträflinge Unterstützungen in Geld erhielten, 3 Unterstützung an Naturalien, 13 als Hand= werker, Dienstboten 2c. untergebracht, 5 gekleidet und 2 mit Handwerksgeräth und Handwerksmaterial versehn wurden. Unter dieser großen Zahl führten sich 2 zur besonderen Zufriedenheit der Vereine, 3 schlecht auf, aber mit den Uebrigen waren die Vorsteher durchgängig zufrieden. — Als sich die Vorsteher der Elberfeld= Barmer Tochtergesellschaft in einer Sitzung des Jahres 1866 über die Erfolge ihrer Thätigkeit Rechenschaft gaben, stellte es sich ebenfalls heraus, daß ihre Pfleg= linge sich durchweg gut hielten, die Kirche fleißig be= suchten, in ihren Geschäften fleißig und strebsam seien u. s. w. — Und schon im Jahre 1843 ergab sich aus einer ge= nauen Berechnung der Zahlen der Rückfälligen, daß die verhältnißmäßig meisten Rückfälle in denjenigen Land= gerichtsbezirken vorkamen, in welchen die Thätigkeit der Hülfsvereine noch eine geringe, die wenigsten aber, wo dieselbe eine recht allgemeine und rege war. Es wurde nämlich berechnet, daß in den 6 Landgerichts= bezirken der Rheinprovinz, in welchem Hülfsvereine be= standen, die Anzahl derjenigen Rückfälligen, welche be= reits drei= und mehrmals bestraft waren (mit Aus= schluß jedoch der rückfälligen Holz= und Felddiebe), sich auf 686 oder Einen auf 2522 Einwohner belief. Es kamen aber von dieser Gesammtzahl von 686 Recidiven:

1) auf den L.=G.=B.	Cleve	.	149	ob.	1 auf 1233	Einw.	
2) " " "	Köln		242	"	1 " 1729		"
3) " " "	Aachen		139	"	1 " 2655		"
4) " " "	Elberfeld		40	"	1 " 4752		"
5) " " "	Koblenz		64	"	1 " 4891		"
6) " " "	Düsseldorf		52	"	1 " 4923		"

Der Berichterstatter bemerkt ausdrücklich, daß hier keine Täuschung über den segensreichen Einfluß der Hülfsvereine vorliegen könne, da nicht nur in diesem, sondern auch in anderen Jahren das Verhältniß ein ähnliches sei und nur in Aachen sich diesmal das Verhältniß günstiger als früher gestaltet habe, jedoch offenbar, weil die Fürsorge für die entlassenen Gefangenen sich in diesem Bezirke in letzter Zeit merklich vermehrt habe. Auf diese gewiß sehr ermunternde Erfahrung fußend, wurde deshalb auch im Jahre 1854 von Seiten der Gesellschaft darauf hingewiesen, wie nothwendig es sei, daß die Tochtergesellschaft zu C., welche in ihrer Thätigkeit schon seit Jahren erlahmt war, sich wieder emporraffe. Die bedeutende Zahl der Rückfälligen, welche in keinem Verhältniß zu andern Bezirken stehe, predige laut von dieser Nothwendigkeit, und gewiß könne ein christlicher Verein, der sich der Gefangenen und Entlassenen in rechter Weise annehme, noch viele Segensfrüchte schauen. Die Zahl der Rückfälligen hatte in der That eine außergewöhnliche Höhe dort erreicht; denn unter den 2443 Personen, welche in jenem Jahre im dortigen Gefängnisse inhaftirt waren, befanden sich als zum 1. Male Rückfällige: 289 Männer, 114 Weiber,

"	"	2.	"	104	81
"	"	3.	"	119	58
"	"	4.	"	353	149

überhaupt also 865 Männer und 402 Weiber, zusammen 1267 Personen, welche bis zum 4. Male rückfällig waren, von der geringeren Zahl Derjenigen, die noch öfter rückfällig waren, abgesehen.

Auch diese zum Erschrecken großen Zahlen reden von dem Segen der treuen Liebesarbeit an den Entlassenen, für Manchen vielleicht eindringlicher als die immerhin unscheinbareren Zahlen der wirklich für Zeit und Ewigkeit Geretteten. Sie mögen wenigstens allen Lässigen zurufen: „Wer da weiß, Gutes zu thun und

thut es nicht, dem ist es Sünde!“ und den in ihrem
Eifer Erkalteten: „Wer seine Hand an den Pflug legt
und siehet zurück, der ist nicht geschickt zum Reiche
Gottes!“ Der wahren Liebe aber genügen auch die
geringsten Erfolge; ja, sie arbeitet gar nicht blos um
des Erfolges willen, sondern weil sie’s nicht anders
kann, weil die Liebe Christi sie bringet und weil sie
an jene Barmherzigkeit des himmlischen Vaters gedenkt,
von der es heißt, sie lasse ihr Sonne den Bösen und
Guten leuchten und ihre Segensströme auf die Ge=
rechten und Ungerechten herabströmen. Dieser
Liebe folgt sie nach und darum sagt der Apostel von
ihr: „Sie verträgt alles, sie glaubet alles,
sie hoffet alles, sie duldet alles. Die Liebe
höret nimmer auf.“

Die Nachfolgerinnen der Elisabeth Fry.

Das hohe Vorbild, welches Mistreß Elisabeth
Fry in London gegeben hatte, als sie im Jahre 1817
die „Gesellschaft für Verbesserung der Gefängnißzucht
und die Besserung junger Verbrecher“ gründete, konnte
unter den Frauen und Jungfrauen Rheinlands und
Westfalens um so weniger ohne Nachfolge bleiben, als
Fliedner’s Bestrebungen und die Gründung der
Rheinisch=Westfälischen Gefängniß=Gesellschaft gerade durch
die Arbeit der berühmten „Freundin“ angeregt waren
und die Flugblätter und Berichte der Gesellschaft auf
sie als leuchtendes Vorbild hinwiesen. Es kommt hinzu,
daß die erste geordnete Liebespflege an entlassenen weib=
lichen Sträflingen von jenen Schwestern geübt wurde,
welche Fliedner nach Kaiserswerth als Vorsteherinnen
seines Asyls berief, und welche die Vorläuferinnen der
später so zahlreichen Diakonissen=Schwesternschaft wurden.

Das Weib hat überhaupt für die Uebung christlicher Liebesthätigkeit eine besondere Gabe vom HErrn empfangen; nicht allein die raschere Empfänglichkeit für alle großen Ideen und die größere Opferwilligkeit, sondern auch ein reicheres Maß von Geduld und Sanftmuth, sowie den helleren Blick in die Verhältnisse des häuslichen Lebens.

Elisabeth Fry.

Dazu kommt, daß die Gefängnisse zwei Arbeitsfelder darbieten, welche die weibliche Thätigkeit in besonderem Maße herauszufordern scheinen: die weib=

lichen Gefangenen und die Jugendlichen,
namentlich die Kinder. Und wenn diese auch im
Verhältniß zur männlichen Bevölkerung der Gefängnisse
die bedeutend geringere Hälfte darstellen, so ist ihre
Zahl doch wahrlich überall groß genug, um der Frauenwelt die Frage nahe zu legen: „Was thut ihr für
eure gefallenen, gefangenen Schwestern und für die
unglücklichen Kinder, die schon so früh dem Fluche der
Sünde verfallen?" Befanden sich doch nach den Zu-
sammenstellungen über das Justizjahr 1839—40 in
den schon oben erwähnten sechs Landgerichtsbezirken
der Rheinprovinz unter den 155,118 Beschuldigten
48,600, also beinahe ein Drittheil weiblichen Geschlechts. Die Meisten darunter kamen freilich auf
die Bezirke Trier, Saarbrücken, Coblenz und Aachen,
und zwar wegen der dort so häufigen Holz- und Feld-
diebereien, während z. B. im Bezirk Elberfeld die weiblichen Beschuldigten kaum $1/_{10}$ der Gesammtbeschuldigten
ausmachten. Allein diese Zahl erschien der Gesellschaft
doch schon damals mit Recht so erschreckend groß, daß
sie wiederholt darauf antrug, wenigstens für sämmtliche
weibliche Gefangenen, welche auf 1 Jahr und darüber
verurtheilt wurden und deren Zahl in der Rheinprovinz
damals jährlich etwa 600 betrug, ein besonderes
Gefängniß zu errichten, damit das Werk der sittlichen
Besserung und der häuslichen Beschäftigung planmäßiger
geleitet werden könne. Sie ging hierbei von dem Gedanken aus, daß sich an dem Orte dieses Weiber-
gefängnisses ein christlicher Frauen-Verein bilden
könnte, der das Werk der Gefangenenpflege in Gemeinschaft mit der Hauptgesellschaft für die Frauen und
Kinder übernehme, wie jene für die Männer, und sich
zu diesem Zwecke mit weiblichen Hülfsvereinen, namentlich
in allen größeren Städten, in Verbindung setze. Der
Staat hat aus Mangel an Mitteln jenen öfter wiederholten Antrag nicht berücksichtigen können; aber schon

der Plan zeigt, wie dringend wünschenswerth die weib=
liche Thätigkeit für das Wohl der Gefangenen erkannt
wurde. — Auch die Zahl der Jugendlichen und zwar
der Kinder unter 16 Jahren betrug in jener
Gesammtzahl von 155,118 Beschuldigten : 26,003 oder
ungefähr ein Sechstel derselben. Unter diesen 26,003
waren 17,678 Knaben und 8325 Mädchen, und von
den Ersteren waren 4476 oder ¼ noch nicht im
Schreiben unterrichtet, von den Mädchen aber 2685
oder beinahe die Hälfte des Schreibens unkundig. Wie
groß aber auch die Zahl der noch ganz hülflosen Kinder
in manchen Gefängnissen ist, geht aus der oben erwähnten
Thatsache hervor, daß im Gefängniß zu Aachen im Jahre
1850 bei 1110 Weibern sich 127 Säuglinge befanden!!
Wie viel Gelegenheit für barmherzige Christinnen, sich
nützlich zu machen, und sich namentlich auch der jugend=
lichen Mädchen schon während der Haft durch Ertheilung
von Unterricht (auch in weiblichen Handarbeiten) und
nach derselben durch Unterbringung in geeigneten Fa=
milien oder anderen Zufluchtstätten anzunehmen.

Schon oben erwähnten wir der ersten Anfänge
einer derartigen Thätigkeit in den zwanziger Jahren,
wie sich in Düsseldorf und im Wupperthale
förmliche Frauenvereine unter Leitung vieler an=
gesehenen Damen bildeten, welche ganz nach dem Vor=
bilde der El. Fry die weiblichen und jugendlichen Ge=
fangenen in den Gefängnissen wöchentlich einmal be=
suchten, für die Beschäftigung der Weiber in den
Gefängnissen mit großen Geldopfern sorgten, ihnen
persönlich Anleitung zu weiblichen Handarbeiten er=
theilten, aus christlichen Schriften vorlasen und mit
ihnen sangen und beteten, besonders aber auch bei ihrer
Entlassung sich ihrer annahmen und für die Kinder der
Inhaftirten Sorge trugen. — In Cleve ging die Ge=
mahlin des Grafen Carl zur Lippe, wie dieser selbst,
im Besuche des Gefängnisses und in der Beschaffung

von Arbeit für die Frauen mit dem anerkennenswertheſten Vorbilde voran. — In Trier beſtand ebenfalls ſchon im Jahre 1830 ein Frauenverein, der ſich der weib= lichen und jugendlichen Entlaſſenen mit regem Eifer annahm. — In Münſter legte ein Fräulein Gis= bertine v. P. im Jahre 1833 ihre Theilnahme für die Gefangenen auch dadurch an den Tag, daß ſie dem dortigen Vereine ein Legat von 100 Thlrn. vermachte. — In Bonn trat in demſelben Jahre ein Frauen= verein in's Leben. — In Coblenz war es namentlich ein Fräulein v. D., die ſeit dem Jahre 1834 mit großer Hingebung die Gefangenen beſuchte; in Werden Fräulein J. K., die hier lange Jahre hindurch und an anderen Orten bis an ihr Ende der Gefangenen in treueſter Liebe ſich annahm und in jeder Weiſe für ſie ſorgte. — In Langenberg bildete ſich ein ſehr reger Frauenverein, der mit E. Fry (wie auch der Düſſeldorfer Verein) in lebhafteren Verkehr und Brief= wechſel trat, beſonders nachdem E. Fry perſönlich in Düſſeldorf geweſen war und dort wie an andern Orten das Gefängniß in Gemeinſchaft mit den Mitgliedern des Frauenvereins beſucht hatte. — Von Barmen und Elberfeld wird im Jahre 1844 mit beſonderem Dank berichtet, daß ſich zwei Kleinkinderlehrerinnen der weiblichen Gefangenen anzunehmen ſuchten, in= dem ſie dieſelben ebenfalls Sonntags beſuchten, ihnen vorlaſen, ſie im Leſen unterrichteten und ſich in heilſamer Weiſe mit ihnen unterhielten. — Kurz, es hat zu keiner Zeit an dieſer weiblichen Liebes= thätigkeit zum Heile der Gefangenen gefehlt, wiewohl ſie bald mehr in der feſtgeſchloſſenen Form einer organi= ſirten Vereinsarbeit, bald in der freieren Geſtalt per= ſönlicher Thätigkeit ſich kundgab. Von dem Vereine in Düſſeldorf wird u. A. im Jahre 1843 berichtet, daß er jetzt 10 Mitglieder zähle und unter Leitung der Frau Gräfin v. S. ſeine bisherige Wirkſamkeit mit un=

ermüdlicher Thätigkeit fortsetze, was die Gefängnißge=
sellschaft zur gerechtesten Anerkennung und zum größten
Danke gegen die hochverehrten Mitglieder verpflichte.
Jede Woche besuchten zwei Mitglieder des Vereins die
weiblichen Gefangenen und suchten durch liebevolle An=
sprache sowie auch durch Vorlesen eines kurzen Ab=
schnitts aus einer geeigneten Schrift auf die Besserung
derselben einzuwirken. Außerdem richteten sie ihr Augen=
merk darauf, daß die weiblichen Gefangenen angemessen
beschäftigt, und wenn sie dazu geeignet waren, nach
ihrer Entlassung in die weiblichen Asyle aufgenommen
wurden. Monatlich versammelte sich der Verein zu ge=
meinschaftlichen Berathungen und noch heute setzt der
Verein diese gesegnete Thätigkeit fort. In einem der
letzten Berichte heißt es: „Daß dieses stille, geräusch=
lose und eine wirkliche Hingebung und Liebe erfordernde
Wirken dem Gefängnißprediger in seinem Amte eine
große Hülfe und Freude gewesen, bedarf wohl keines
besondern Wortes. Daß aber auch manche Thräne
dadurch getrocknet und manche Noth gelindert, die der
Prediger selbst gewiß oft nicht erfahren hätte, beweist,
daß die Gründung eines Frauen=Hülfsvereins ein wirk=
liches Bedürfniß ist. — Die Frauen haben manchen
Segen in die Zellen gebracht, manches Samenkörnlein
in die Herzen gestreut." Auch wird hervorgehoben, daß
der Verein in regelmäßigen Zusammenkünften Kleidungs=
stücke für die Inhaftirten arbeite und den Familien der=
selben, sofern sie in D. selbst wohnen, Mittagsessen
verabreiche, wodurch denselben nicht unbedeutend fort=
geholfen werde. Eine reiche Zahl von Hemden und
Strümpfen sei für dieselben gearbeitet worden.

Eine anziehende Gelegenheit zur weiblichen Thätig=
keit bieten auch die in vielen Gefängnissen mit sicht=
lichem Erfolge eingeführten Christbescheerungen
dar. Die erfinderische und so gern erfreuende Liebe
der Frauen kann bei dieser Feier in schönster Weise

verwerthet werden, und wer einmal Zeuge davon war, welch einen gesegneten und ergreifenden Eindruck die= selbe auf die Gefangenen machte, der wird es nur wünschen können, daß der strahlende Weihnachtsbaum in allen Gefängnissen seine Liebesmission ausrichten möge. Ein Gefängnißgeistlicher in H. schreibt über diese

Gefängniß in Newgate.

Feier Folgendes: „Es wird Sie gewiß interessiren zu erfahren, daß wir in unserer Anstalt den heil. Christ= abend besonders gefeiert haben. Bei hellerleuchtetem Betsaale predigte ich neben einem vollständig ausge= schmückten Christbaume, unter welchen Freunde der Ge= fangenen aus der Stadt für Gefangene geeignete, von mir ausgewählte Bücher gelegt hatten. Freunde der Gefangenen wohnten der Feier bei. Sowohl auf diese als auch besonders auf die Gefangenen machte dieselbe sichtlich einen tiefen Eindruck; ich erinnere mich noch einer Aeußerung, die ein Gefangener später in einem

11

Briefe an seine Familie that: „Wer noch etwas Ge=
wissen hatte, dem mußte diese Feier durch Mark und
Bein gehen."

Und wie gesegnet auch namentlich die Besuche der
Frauen in den Gefängnissen sind, davon nur Ein
Beispiel.

Ein liebes, wackeres Mitglied des Gefängniß=
Frauenvereins zu Elberfeld traf auf einem einsamen
Wege mit einem entlassenen Frauenzimmer zusammen.
Letzteres erkannte das Mitglied gleich wieder und grüßte
gar freundlich wie eine Bekannte. Das Mitglied
konnte sich aber dieser Person nicht mehr erinnern und
wünschte zu wissen, wo sie sich denn kennen gelernt
hätten. Darauf schlug die Person die Augen nieder
und sagte, daß sie sich schäme, das zu sagen. Nach
einigem Zögern stammelte sie: „Im — Gefängniß."
Dann sagte sie: „O, geben Sie die Gefangenen nicht
auf! So lange man im Arresthause ist, scheint es
zwar, als sei Alles verloren; aber später fallen Einem
die Worte wieder ein." Dann sagte sie, daß das bei
ihr der Fall gewesen sei und der im Gefängniß aus=
gestreute Same erst später aufgegangen und Frucht ge=
tragen habe.

So erfreulich aber dieses hingebende Wirken der
Frauen unter den Gefangenen ist, so ist es doch leider!
noch nicht in dem Maße geweckt, wie das Bedürfniß
es erheischte. Es fehlt zumal noch an einer organi=
sirten Thätigkeit derselben, und es wird eine vor=
zügliche Aufgabe der Gefängniß=Vereine, namentlich an
größeren Orten, bleiben, Frauenvereine zu gründen
oder die etwa eingegangenen wieder in's Leben zu
rufen. Durch eine lebendigere Thätigkeit der Frauen
auf diesem Gebiete würde den Hülfsvereinen eine äußerst
willkommene Beihülfe zur Beschaffung von Geld, Arbeit,
Kleidungsstücken und Arbeitsmaterial zuwachsen, na=
mentlich würden die Frauen durch eine solche Thätig=

keit geneigter werden, entlassene weibliche Sträflinge
bei sich selbst aufzunehmen, wozu sonst oft so selten
passende Gelegenheit sich findet, oder doch ihnen Arbeit
aus dem eigenen Haushalt anzuvertrauen.

Es sei darum erlaubt, auch an dieser Stelle an
die Frauen und Jungfrauen, die den Heiland lieb
haben und Ihm gern dienen möchten, die dringende
Bitte zu richten: „Gedenket der Gebundenen!" und
sie auf die erhebenden Vorbilder einer Elisabeth
Fry, Sarah Martin u. A. hinzuweisen. Hat der
HErr diese schwachen Dienerinnen gebraucht, um das
Interesse für das Gefängnißwesen in ganzen Staaten
zu wecken, die Liebe zu den unglücklichen Gefangenen
in tausend Herzen auszugießen und eine neue Epoche
in dieser Angelegenheit herbeizuführen, so daß zahllose
bekehrte Verbrecher noch in der Ewigkeit diesen edlen
Frauenherzen für ihre Treue danken werden, — wie
dürfte irgend Eine unter den Frauen und Jungfrauen,
die Christum lieb haben und den Weg zur Seligkeit
wandeln, fürchten, daß sie den Gefangenen gar nichts
sein und geben könne? Nein, die Liebe duldet nicht
blos alles, sondern sie hofft auch alles, und obgleich
eine begreifliche Schüchternheit gerade das Weib vor
dem Eintritt in die Kerker und der näheren Berührung
mit dem sogenannten Auswurf der Gesellschaft zurück-
hält, so zeigt das Beispiel von hundert Frauen, die
dem Rufe des HErrn in die Gefängnisse folgten, daß
dort nicht allein kein Schaden für ächte Weiblichkeit zu
fürchten ist, sondern daß Denen, die diesen Dienst im
rechten Geiste thun, sogar ein reicher Segen von ihrer
Arbeit zu Theil wird, — ein Segen, den wir nach dem
Vorgange jenes bekannten Wortes: „Man lernt, indem
man lehrt", am liebsten so ausdrücken möchten: „wir
werden gerettet, indem wir Andere zu retten suchen;
wir werden gesegnet, indem wir Andere segnen." Möge
unsre Frauenwelt jener Heldenjungfrau eingedenk sein,

die nach der schönen Sage vom Drachenfels den Drachen,
den kein Ritter mit Lanze und Schwert erlegen konnte,
dadurch überwand, daß sie ihm glaubend das Kreuz
Jesu Christi entgegen hielt! Möge sie bedenken, daß
der HErr mit jenem an die Schlange gerichteten Worte:
„Ich will Feindschaft setzen zwischen dir und dem
Weibe“, gerade dem weiblichen Geschlechte eine besondere
Aufgabe und Verheißung in dem Kampf mit der Macht
der Finsterniß gegeben hat!

Die Asyle.

So erfreulich die Früchte waren, welche die Pflege
der Entlassenen trug, so mußten doch die unzählbaren
Mißerfolge ihrer Arbeit den Gefängniß=Vereinen zeigen,
daß es eine Noth der Entlassenen gibt, der selbst auf
diesem Wege erbarmender Liebe nicht abzuhelfen ist.
Ganz abgesehen von jenen Entlassenen, welche sich nicht
retten lassen wollen, konnte selbst Denen nicht immer
in geeigneter Weise geholfen werden, bei welchen der
Anfang der Umkehr anerkannt werden mußte. Fehlte
es ihnen nicht an der Tüchtigkeit zur Arbeit, so fehlte es
in vielen Fällen an der Arbeit selbst, und wäre diese
noch zu beschaffen gewesen, so fehlte das Vertrauen
der Arbeitgeber zu den Entlassenen. Und schlimmer
noch als dies Alles war die moralische Unselbstän-
digkeit, welche so Vielen unter den Entlassenen eigen
ist. Kommen sie schon zumeist entnervt durch ein Leben
in Sünde und Schande in's Gefängniß hinein, so wirkt
der Zustand völliger Unfreiheit und die energische Zucht
des Gesetzes, welcher sie Tag und Nacht sich fügen
müssen, vollends entkräftend auf ihr Willensvermögen
ein; und wenn sie dadurch auch unter Gottes Segen
zur Sinnesänderung und aufrichtigen Reue geführt wer-

den, so haben sie doch bei ihrer Entlassung — zumal nach langjähriger Haft — noch nicht die sittliche Kraft gewonnen, um den von allen Seiten auf sie einstür= menden Versuchungen zu widerstehen. Sie gleichen den Genesenden, die von jedem rauhen Luftzuge auf's Krankenlager zurückgeworfen werden, den Kindern, die noch nicht auf ihren eigenen Füßen stehen können.

Je näher daher die Freunde der Gefangenen mit diesen Zuständen vertraut wurden, desto deutlicher er= kannten sie die Nothwendigkeit, wenigstens für gewisse Classen von Entlassenen Asyle in's Leben zu rufen, welche den Uebergang aus dem Gefängniß in's freie Leben vermitteln sollten. Diese Anstalten sollten den Arbeitslosen Arbeit und zugleich die schätzenswerthe Gelegenheit bieten, durch Fleiß und Treue sich das Vertrauen ihrer Menschen wieder zu erwerben. Wo dieser Gesichtspunkt vorwiegend war, wurden die Asyle mehr als Arbeits=Anstalten gegründet. Sollte aber auch das religiös=sittliche Leben, das im Gefäng= niß erweckt war, bewahrt und gekräftigt werden, so mußten sie den Character von Rettungsanstalten oder Asylen im engeren Sinne des Wortes erhalten. Bezeichnend ist für die Geschichte der Rheinisch=West= fälischen Gefängniß=Gesellschaft, daß zu jenen erstge= nannten Arbeitsanstalten nur schwache Versuche ohne durchgreifenden Erfolg gemacht wurden, während die Asyle mit streng religiösem Gepräge sich blühend ent= wickelten und immerfort vermehrten, — ein Zeichen dafür, daß die aus dem Boden des lebendigen Chri= stenthums erwachsende Liebe mächtiger ist als der bloße Gemeinsinn; aber auch ein Beweis dafür, daß die christliche Liebe die Verhältnisse unsers öffentlichen Lebens noch nicht genug durchdrungen hat, um auch den Staat und die Gesellschaft, die bürgerliche und kirchliche Ge= meinde zur Mitarbeit an ihrer großen Aufgabe zu be= stimmen.

Die Tochtergesellschaft zu Bonn war die erste, welche im Jahre 1830 mit der Einrichtung eines „Zufluchtshauses" vorging, in welchem die Gefangenen gleich nach ihrer Entlassung und bevor sie noch ein Unterkommen finden konnten, auf kurze Zeit Wohnung und Beschäftigung und gleichzeitige Beihülfe zur Ermittlung eines Unterkommens fanden. — In Cöln wurde im Jahre 1831 unter Mitwirkung der Tochtergesellschaft die „allgemeine freiwillige Arbeitsanstalt" in's Leben gerufen, worin die Entlassenen Beschäftigung finden und so lange bleiben konnten, bis sich ein besseres Auskommen für sie fand. Sie verdienten dort wenigstens so viel, daß sie sich beköstigen und das Nachtlager bezahlen konnten, und wurde hierdurch der Tochtergesellschaft die Thätigkeit für die 140 Entlassenen, welche sie jährlich zu pflegen hatte, wesentlich erleichtert. — Der Gladbacher Hülfsverein regte ebenfalls im Jahre 1833 die Gründung einer ähnlichen Arbeitsanstalt an. — In Aachen begründete im Jahre 1835 der Pfarrer Nellessen, größtentheils auf eigene Kosten, einen Zufluchtsort für moralisch gesunkene Personen weiblichen Geschlechts, welche Rettung suchten, und wurden etwa 12 Personen jährlich in diesem Institut verpflegt. Auch nahm das „Kloster zum guten Hirten" daselbst weibliche Entlassene auf. — In Elberfeld wurde im Jahre 1837 ein Werkmeister willig gemacht, gegen eine angemessene Vergütung die ihm zugewiesenen Entlassenen so lange mit Nesselweben zu beschäftigen, bis sich ein anderweitiges Unterkommen für sie gefunden, und da die meisten Sträflinge damals das Weben in den Gefängnissen lernten, so fanden sie bei ihrer Entlassung in dieser Einrichtung ein Mittel, wieder zu einem ehrlichen Broderwerb zu gelangen. Auch wollte die dortige Tochtergesellschaft in demselben Jahre eine größere Arbeitsanstalt für Entlassene in dem benachbarten kleineren Orte Neviges gründen, wurde

aber daran durch den lebhaften Widerspruch der Orts=
behörde zu Neviges, welche einen nachtheiligen Einfluß
auf die öffentliche Sicherheit befürchtete, gehindert. Als
sie dann im Jahre 1838 in Elberfeld selbst eine „Be=
schäftigungs=Anstalt für Entlassene" gründete,
scheiterte dies wohlthätige Unternehmen auffallender
Weise daran, daß kein einziger Entlassener in diese An=
stalt eintreten wollte, woraus sich ergab, wie der Bericht
sagt, daß die Klage über Mangel an Arbeit in dor=
tiger Gegend allerdings nicht so sehr begründet sei.
Dieselbe Gesellschaft machte im Jahre 1847 einen Ver=
such zur Gründung eines männlichen Asyls auf dem
Döhnberge bei Elberfeld und sah diesmal ihre Be=
mühungen mit besserem Erfolge gekrönt, so daß sie
schon im Jahre 1856 29 Entlassene darin aufnehmen
konnte und bis dahin überhaupt 85 Personen gepflegt
hatte. Auch ein Asyl für weibliche Entlassene
und gefallene Mädchen wurde von der dortigen Gesell=
schaft in diesem Jahre übernommen und 25 Personen
jährlich in demselben verpflegt.

Bedeutungsvoller jedoch als diese mehr vereinzel=
ten und meist nur ein vorübergehendes Dasein fristen=
den Anstalten sollten für die Gefängnisse die Asyle werden,
welche vorzüglich auf Fliedner's Anregung und im
engen Anschluß an die Gefängniß=Gesellschaft entstanden.

Fliedner's Gartenhäuschen.

Von der Gründung
des Asyls für weibliche
Entlassene und Mag=
dalenen evangelischer
Confession zu Kai=
serswerth, der ersten
der gesegneten Flied=
ner'schen Anstalten,
haben wir bereits oben
(S. 10) gesprochen. Ein Gartenhäuschen, worin die

erſten Entlaſſenen aufgenommen wurden, war die Ge=
burtsſtätte dieſes Aſyls, und in der geringſten Un=
ſcheinbarkeit wie die meiſten Gotteswerke hat es ſich
ſeit dem Jahre 1833 fortentwickelt. Aber von An=
fang an ruhte ein ſichtbarer Segen des HErrn auf
dieſem Glaubens= und Liebeswerke. Die äußeren Mit=
tel, welche nicht unbedeutend waren und ſich gleich in
den erſten Jahren auf 800—1000 Thlr. jährlich be=
liefen, für die erforderlichen Neubauten aber oft auf
mehrere Tauſende ſtiegen, kamen von allen Seiten wie
von ſelbſt, ſo daß es einmal in einem Berichte heißt:
„Wir brauchten nicht viel um Hülfe zu rufen. Ehe
wir riefen, war ſie meiſtens ſchon da.“ Dazu fand ſich
von vornherein eine Vorſteherin, Fräulein Göbel, die
für dieſen Dienſt wie vom HErrn geſandt war und
unentgeltlich, aus Liebe zu den Gefallenen, lange Jahre
hindurch ihrem Amte mit der größten Hingebung vor=
ſtand. „Unſere theure Vorſteherin“, heißt es im Jahre
1840, „und ihre Gehülfin verzagen nicht, und wenn
bei ſo ſchwerer, oft ihr Herz tief verwundender Pflege
dieſer Gefallenen, die Hände manchmal müde werden
und die Kniee ſtraucheln, ſo richtet ſie doch wieder auf
der Glaubensblick zu dem HErrn, der ihr Licht iſt und
ihres Lebens Kraft, der gekommen iſt, zu ſuchen und
ſelig zu machen, was verloren iſt, der auch die ſteiner=
nen Herzen der Magdalenen umwandeln kann und ſie
bekehren von der Finſterniß zum Licht, von der Gewalt
des Satans zu Gott.“ Das Vertrauen zu dieſer An=
ſtalt hat ſich denn auch bis heute erhalten; 505 Pfleg=
linge waren bis zum Herbſte vorigen Jahres durch die=
ſelbe hindurchgegangen, und während die Zahl derſelben
in den erſten Jahren nur 8—14 betrug, belief ſich die=
ſelbe im letzten Jahre auf 47. An manchen Orten
entſtanden beſondere Aſylvereine, welche ſich die
Aufgabe ſtellten, dies Kaiserswerther Aſyl mit ihren
Gaben an Geld, Handarbeiten und Naturalien zu unter=

stützen und für die dort unterzubringenden Pfleglinge die Kosten zu bestreiten. Jetzt besitzt die Anstalt ihr besonderes Haus nebst Garten und Aeckern, bedarf aber einer jährlichen Einnahme von mehr als 2000 Thlrn.

Für die weiblichen Entlassenen katholischer Confession wurde ebenfalls zu Kaiserswerth am 16. Mai 1836 ein Asyl gegründet, welches in ähnlicher Weise wie das evangelische geleitet werden sollte und mit 15 Pfleglingen seine Thätigkeit begann. Doch ging dasselbe aus Mangel an Subsistenzmitteln schon nach drei Jahren wieder ein, und obwohl es im Jahre 1840 in Ratingen bei Düsseldorf wieder entstand und seine Einnahmen in den ersten Jahren sich in erfreulicher Weise steigerten, so mußte es doch im Jahre 1848 wegen der inzwischen zu groß gewordenen Schuldenlast wieder aufgehoben werden. Uebrigens pflegte es z. B. im Jahre 1843: 29, im Jahre 1844: 69 Personen.

Eine andere sehr segensreich wirkende Anstalt für Entlassene ist das Männer-Asyl zu Lintorf bei Ratingen, gegründet im Jahre 1850, welches seitdem fast 200 Pfleglinge aufnahm, und zwar, auf ihren Stand und Herkommen angesehen, Personen der verschiedenartigsten Mischung: Kaufleute und Commis (schon über 40), Unterofficiere, Gerichtsvollzieher, Schreiber, Apotheker, Lehrer, Schauspieler, Postbeamte, Barbiere, Deconomen, Handwerker, Taglöhner (nur etwa 15) u. s. f. Ebenso bot das Alter sehr verschiedene Stufen von 16 bis zu 60 Jahren. (Doch passen eigentlich weder die Jugendlichen noch die Alten in solche Anstalten; das angemessenste Alter ist von 25—50 Jahren.) Die Anstalt steht unter Aufsicht des Ortspfarrers und der Leitung eines Hausvaters. Ein besonderes Haus ist für dieselbe erbaut, und durch Ackerwirthschaft, Werkstätten u. s. w. für die mannigfaltigste Beschäftigung gesorgt. Die Pension beträgt 26 Thlr. jährlich und 10 Thlr. Eintrittsgeld.

Endlich sind auch in der Provinz Westfalen im Jahre 1865 zwei Asyle gegründet, zu Lippspringe ein Frauen- und zu Enger ein Männer-Asyl, beide für evangelische Entlassene. Die Rheinisch-Westfälische Gefängniß-Gesellschaft hat nicht allein zur Gründung dieser jungen Anstalten eine beträchtliche Beisteuer gespendet, sondern auch ferner aus dem Ertrage ihrer Kirchencollecten dieselben unterstützt, und es darf wohl nach den kurzen Erfahrungen eine gesegnete Entwicklung derselben gehofft werden.

Wir können hier leider! nicht auf die so wichtige Frage nach den Grundprincipien und den zweckmäßigsten Einrichtungen sowohl der Arbeitsanstalten als der Asyle eingehen. Nur das müssen wir hervorheben, daß in allen evangelischen Asylen als oberster Grundsatz hinsichtlich des Ein- und Austritts die Freiwilligkeit der Pfleglinge steht; daß die goldene Doppelregel: „Bete und arbeite!" alle Einrichtungen desselben beherrscht und daß sie es als ihre höchste Aufgabe ansehen, im Geiste des lebendigen evangelischen Christenthums nicht blos auf sittliche Besserung und geistige Bildung sondern auf die Erweckung ihrer Pflegebefohlenen zu christlichem Glauben und christlicher Gesinnung hinzuarbeiten.

Die Aufgabe ist natürlich eine unendlich schwierige. Ein Lintorfer Bericht sagt von seinen Pfleglingen: „Man trifft darunter den verkommensten Bummler, der weder lesen noch schreiben kann, der vom Ungeziefer so starrt, daß wir ihm sofort die Kleider müssen abthun und in die Erde vergraben, und auf der andern Seite Leute, die seiner Zeit über bedeutendes Vermögen zu verfügen hatten und einen demgemäßen Bildungsstand einnahmen. Auf der einen Seite Leute, so in das Thierische versunken, daß es widrig ist, davon zu reden, und auf der andern Seite feine Herren mit Faltenhemden, Manschetten und Bartpomade, die drei Sprachen sprechen, sich in den gewandtesten Formen des Umgangs bewegen und überall mit dem höheren Firniß der vergötterten Bildung lackirt sind. Eben solche Verschiedenheiten zeigen sich auch nachher innerlich, nur daß da sich die „Gebildeten" durchaus nicht immer durch ein gebildetes Benehmen auszeichnen, sondern im Gegentheil es oft aussieht, als ob, je höher Jemand heruntergefallen, er um so tiefer in die Gemeinheit sinkt .... Man glaubt es kaum, wenn man in das Leben solcher Leute hineinsieht, welche Summe von Thränen und Herzeleid von Seiten ihrer Familie schon an ihnen hängt, ehe sie zu uns kommen. Aber während alles über sie seufzt, weint oder zürnt, sind sie selber durchaus mit sich zufrieden u. s. f."

Wie schwer es ist, auf derartige Individuen nachhaltig einzuwirken, darüber spricht sich ein Kaiserswerther Bericht vom Jahre 1836 folgendermaßen aus: „Während des ersten Monates nach ihrer Aufnahme sind in der Regel alle, auch die ganz Ungebesserten, fleißig, bescheiden, allen Vorschriften äußerlich gehorsam, angeblich nach Unterricht begehrend und voll Danksagung für die bessere Lage, in welche sie sich versetzt sehen. Das Gefängniß und alle damit verbundenen äußern bittern Folgen ihrer Sünden stehen ihnen noch in zu frischem Gedächtniß, als daß sie sich nicht für den Augenblick gern den Bestimmungen einer Anstalt, wie das Asyl, fügen sollten. — Indeß schon im zweiten Monate verlieren sich bei den ohne Sinnesänderung Gebliebenen allmählig die Spuren ihrer guten Vorsätze. Ihr Besserungsentschluß war nur aus sinnlichen Eindrücken, aus Angst vor dem erlittenen irdischen Weh entsprungen, nicht aus einer gründlichen Erkenntniß der Größe ihrer sittlichen Schuld. Nun ist ihnen weder die Kost noch die Kleidung mehr gut genug; die gelinde, aber stetige Zucht wird ihnen unerträglich; sie klagen, es hier schlimmer zu haben als im Zuchthause

und dürsten nach der alten, zügellosen Freiheit. Alle
Ermahnungen und Warnungen sind dann vergeblich;
und wenn schon unsere Geduld alsdann noch viele Ver=
suche mit ihnen anstellt, ob sie nicht zur Erkenntniß
ihres wahren Wohles kommen möchten, so sehen wir
meistens im dritten Monate die Aussichten dazu so sehr
schwinden, daß wenigstens das Asyl die Rettungsarbeit
an ihnen aufgeben muß."

Wahrhaft herzzerreißende Erfahrungen dieser Art
werden fast jedes Jahr berichtet, z. B. von einem
talentvollen 17jährigen Zigeunermädchen, welche
aus einem westfälischen Gefängniß dem Asyl übergeben
war. Dies Mädchen war wild in dem unstäten Zigeuner=
leben aufgewachsen, das die schon lange verwittwete
Mutter mit den Söhnen führte, so daß diese bereits
alle den Gefängnissen anheimgefallen waren. Sie liebte
das Rauchen, den Branntwein, das Fluchen, schlechte
Gespräche und Lieder, sowie zügellose Freiheit. Bis=
weilen hatte sie im Asyle bessere Augenblicke, wo sie
wirklich fühlte und bekannte, anders werden zu müssen.
Allein nur zu schnell bekamen alle Leidenschaften eines
ungezähmten Naturkindes bei ihr wieder die Oberhand,
ein frecher, unbändiger Trotz, daß sie sich vor Wuth
auf der Erde herumwälzte, eine glühende Rachsucht,
worin sie drohte, die Angeberinnen ihrer schlechten
Streiche des Nachts zu erwürgen, und eine solche Lust
zu dem alten Landstreicherleben, daß man sie, obgleich
man ihrer Jugend wegen $5\frac{1}{2}$ Monate mit ihr Geduld
hatte, doch endlich an die Polizei ihres Wohnorts zurück=
senden mußte.

Eine andere Person war vom 11. Lebensjahre an,
und zwar zum zehnten Male im Gefängniß gewesen,
obgleich erst 29 Jahre alt. Von gottlosen Eltern schon
als Kind zum Betteln angelehrt, kam sie bald zum
Stehlen, zur Liederlichkeit, zum Vagabundiren, und ent=
lief mehrmals aus dem Gefängniß. Im Asyle wurde

sie nach wenig Wochen der Arbeit und Zucht über=
drüssig und strebte, um derselben zu entgehen, nach dem
Krankenhause der Kaiserswerther Anstalten zu kommen.
Sie stellte sich daher epileptisch, bekam in der Kirche
unter dem Gottesdienste die furchtbarsten Krämpfe und
wurde in's Krankenhaus getragen. Hier erklärte ihr
der Arzt, daß er sie ihrer Krämpfe wegen mit einem
glühenden Eisen brennen müsse. Dies ließ die Krämpfe
schnell aufhören, und weil sie zugleich im Krankenhause
einsam gelegt wurde, so wurde sie bald wieder gesund.
In's Asyl zurückgekehrt, suchte sie die andern Pfleg=
linge heimlich vom Guten abzuhalten, sagte ihnen, ihre
Mühe sich zu bessern helfe doch nichts, hetzte dieselben
durch Lügen und falsche Nachreden gegen einander und
zeigte sich überhaupt als ein wahrhaft satanischer Cha=
rakter, so daß auch sie hoffnungslos entlassen werden
mußte.

Bei solcher Beschaffenheit der Pfleglinge kann es
nicht auffallend sein, daß die Arbeit an gar Vielen
derselben eine vergebliche ist. Nach sechsjährigem Be=
stehen erklärte das evangelische Weiber=Asyl zu Kaisers=
werth, daß es von seinen bis dahin aufgenommenen
54 Pfleglingen 9 als gegen alle Sinnesänderung wider=
strebend an die Polizei ihres Wohnorts zurückgeschickt
habe; eine sei nach nur viertägigem Aufenthalt fortge=
laufen; 11 seien, wiewohl sie sich im Asyl gut betragen
und Hoffnung auf Besserung gegeben hätten, rückfällig
geworden; 11 andere, von welchen 9 in Dienst gebracht,
2 verheirathet, betrügen sich zweifelhaft, so daß man
nicht ohne Hoffnung für ihre Besserung, aber auch
nicht ohne Furcht für sie sei; 13 betrügen sich gut,
unter ihnen 4 verheirathete; von mehreren unter ihnen
dürfe man glauben, daß sie sich von Herzen zu Gott
bekehrt hätten; noch 2 kehrten nach kurzem Aufenthalte
aus verschiedenen Gründen zu den Ihrigen zurück; 7
seien noch im Asyle, worunter Mehrere Hoffnung auf

Besserung gäben. Also unter 54 Pfleglingen 21 vor=
läufig Aufgegebene, 20 mehr oder weniger Zweifelhafte,
13 entschieden Gebesserte, zum Theil gründlich Bekehrte!
— Und in späteren Berichten sowohl von Kaiserswerth
als aus den übrigen Asylen lauten die Nachrichten kaum
günstiger, so daß es sich begreifen läßt, wenn die Vor=
steherinnen und Leiter zuweilen von der Last ihrer
Arbeit schier erdrückt zu werden drohten.

„Das häufige Kommen und Gehen der Pfleglinge",
heißt es in einem Kaiserswerther Berichte, „welche, wenn
sie kaum gehörig bearbeitet, angelehrt und erzogen sind,
wieder durch neue ersetzt werden, bei welchen dieselbe
Mühe von vorn anfängt; das unausgesetzte Beaufsich=
tigen und Bewachen dieser Personen bei Tag und bei
Nacht, welche sich bisher meist Jahrelang in einem
Pfuhl von Sünden gewälzt haben und selbst im Ge=
fängniß oft nur noch verschmitzter und verderbter ge=
worden sind, ihre furchtbare Eigengerechtigkeit, ihr frecher
Trotz und schlechtverhehlte Bitterkeit gegen die liebende
Zucht der mütterlichen Pflegerinnen zu der einen Zeit,
ihre heuchlerische Augendienerei zu der andern, die rohe
Unwissenheit und der ungeheure Leichtsinn selbst bei
manchen Besseren, dazu die Anfechtungen der Unglück=
lichen von außen her, denen man sie nicht ganz ent=
ziehen kann, da sie in die bürgerliche Gesellschaft wieder
eingeführt werden sollen, von wo man auf sie als auf
eine leichte und erlaubte Beute von allen Seiten Jagd
macht, — dies alles täglich sehen, hören und dagegen
kämpfen zu müssen, und doch nach mehrmonatlichem
Kämpfen, Wachen und Pflegen nicht selten die schönsten
geistigen Hoffnungen bei ihren Pflegkindern in einem
Augenblick zerstört zu finden, das ist für zartfühlende
Mutterherzen mehr als menschliche Kraft tragen kann."

Doch belohnte der HErr, der das menschlich Un=
erträgliche tragen hilft, solche Mühen auch mit manchem
köstlichen Erfolge. Durfte doch schon im zweiten Jahre

des Bestehens gesagt werden, daß von den bis dahin gepflegten 20 Asylistinnen 6, so weit Menschenaugen sehen, von ganzem Herzen zu ihrem Heilande bekehrt seien und daß nicht blos ihr äußeres, sondern auch ihr inneres Leben neu geworden. — Im Jahre 1836 wird von Einer, die in Folge von jahrelanger Liederlichkeit, Landstreicherei und Diebstahl 3mal im Gefängniß gesessen und zu den Versunkensten ihres Geschlechts gezählt hatte, berichtet, daß sie nicht allein eine durchaus fleißige und brave Arbeiterin geworden sei, sondern es gehe aus ihrem ganzen Wesen hervor, daß sie in einem kindlichen Umgange mit ihrem Gott und Heilande stehe. Tersteegens „Blumengärtlein" sei ihr alle Sonntage (die sie in der Regel in dem Pfarrhause ihrer Gemeinde zubringe) eine rechte Erquickung. Auch scheue sie sich nicht, von ihrem früheren Gräuelleben zu sprechen, und Reuethränen feuchteten dabei ihre Wangen. — Von einer Anderen, bei welcher Gott durch ein langes, schmerzliches Krankenlager vorarbeitete, durfte die zuversichtliche Hoffnung ausgesprochen werden, daß sie wie ein Brand aus dem Feuer gerissen sei. Ihre Sündenerkenntniß sei klar und tief, ihr Festhalten an dem Heilande herzlich, und ihr Fleiß in allen Berufsarbeiten so groß, daß, da man sie früher wegen großer Faulheit zur Arbeit treiben mußte, man sie jetzt zur Mäßigung darin anhalten müsse. — Als ein sehr ermunternder Fall bei den manchen niederschlagenden Erfahrungen wird im Jahre 1842 berichtet, daß eine Asylistin, welche 18 Monate lang Kindermädchen in einem Landstädtchen war, sich während dieser kurzen Zeit so sehr das allgemeine Vertrauen erworben habe, daß man, als die Kleinkinderlehrerin des Ortes gerade abging, sie zur Nachfolgerin wählte und noch zur Vorbildung auf einige Monate in das Kaiserswerther Seminar schickte. Und daß der im Asyl ausgestreute Samen auch nicht immer verloren ist, wenngleich die Früchte sich nicht gleich dort zeigen, dafür lieferte unter vielen Anderen eine Entlassene den Beweis, welche auf ihrem Sterbe=bett bekehrt sich dankbar der vielen im Asyl genossenen Wohlthaten erinnerte, und noch sterbend auf dasselbe, als eine Segensanstalt auch für ihre Seele, den Segen Gottes erflehte. Eine Andere, welche Anfangs die auf sie gesetzten Hoffnungen vereitelt hatte, indem sie ihrer guten Herrschaft entlief, schickte neun Jahre später aus Dankbarkeit für ihren Aufenthalt im Asyl ein tief ge=sunkenes Mädchen, das sie im Gefängniß kennen ge=lernt, dem Asyle zu, — ein unglückliches Geschöpf, das seit Jahren dem Trunke und der Unzucht ergeben, wozu sie von ihrer Rabenmutter selbst angeleitet wor=den, wie ein Thier des Waldes umhergeirrt, aller Rohheit und Sünde preisgegeben war und keine andere Legitimation als die ihres tiefen Elendes mitbrachte, in der That aber es aufrichtig mit ihrer Besserung meinte.

„Solche Erfahrungen, — und Gottlob! alle Asyle können sie aufweisen, — sind für jeden Freund der Gefangenen eine Erfrischung in der vielfach so hoff=nungslosen Arbeit der Seelenrettung. Sie bezeugen es, daß der HErr sich zu der treuen Arbeit des Glaubens bekennt, fordern aber eben deßwegen um so lauter zum unermüdlichen Eifer in Seinem Werke auf, verpflichten uns zu hoffen, wo nichts zu hoffen ist, und uns an die Wahrheit Seiner Verheißung zu halten: „Die mit Thränen säen, werden mit Freuden ernbten!" Mehr Asyle und besonders auch mehr Arbeitsanstalten! — diesen Ruf muß die Gefängnißgesellschaft immer auf's Neue erheben.

Eintracht gibt Macht.

Blicken wir auf Alles, was die Rheinisch-Westfälische Gefängniß-Gesellschaft in einem Zeitraum von
nunmehr 41 Jahren geleistet hat, zurück, so stellt es
sich unleugbar heraus, daß ihre festgegliederte Organi-
sation und ihr einheitlicher Zusammenschluß
sie allein befähigte, in so sicherem Fortschritte fast auf
allen Punkten ihres Arbeitsfeldes die Reform des Gefängnißwesens anzubahnen, und daß es dieser Organi-
sation ebenfalls zu danken ist, wenn sie bei dem mannig-
fachen Wechsel der Zeitströmungen vor dem Untergange
bewahrt blieb. Einzelne Tochtergesellschaften konnten
erlahmen und haben oft jahrelang nur dem Namen
nach bestanden; die Hülfsvereine sind zu Dutzenden vom
Arbeitsfelde verschwunden; manche Asyle und Arbeitsanstalten haben auch zu Grabe getragen werden müssen;
noch unbeständiger erwiesen sich manche Theorieen und
Bestrebungen, die ihren Ursprung mehr dem grünen
Tische als dem grünen Baume des praktischen Lebens
verdankten, und die ausgezeichnetsten Träger und För-
derer der Gesellschaft wurden schon durch Tod und
Lebensschicksale vom Schauplatz ihrer gesegneten Thätigkeit abgerufen. Aber trotz diesen Erschütterungen besteht
die Gesellschaft nicht allein bis auf den heutigen Tag,
sondern sie ist unter Gottes Segen zu immer größerer
und tiefer greifender Thätigkeit vorangeschritten. Wollten
einmal die Zweige welken und brechen, so führte ihnen
der kräftige Stamm neues Leben zu; und drohte dieser
einmal altersschwach zu werden, so tränkten ihn die
Zweige mit frischer Kraft.

Zu einem lebendigen Mittelpunkte der Gesellschaft
hat sich namentlich die jährlich in Düsseldorf stattfindende General-Versammlung herausgebildet,
zu welcher nicht allein sämmtliche Tochtergesellschaften
und Hülfsvereine eingeladen werden (deren Betheiligung

durch Deputirte wegen großer Entfernung oft nur eine schwache sein kann), sondern auch sämmtliche Gefängniß-prediger, sowie seit einer Reihe von Jahren die Ab-geordneten sämmtlicher Königlichen Regierungen (zumeist Gefängnißbeamte oder die mit der Aufsicht über das Gefängnißwesen betrauten Räthe der Regierungen). Vor dieser General-Versammlung werden die Jahres-berichte über die Thätigkeit des Ausschusses und der Agenten, sowie der einzelnen Vereine und Anstalten und der Cassenbericht erstattet, so daß es jedem Theilnehmer möglich wird, von dem augenblicklichen Stande der Bestrebungen sich Einsicht zu verschaffen. An diese Mit-theilungen schließen sich Referate und freie Debatten über allerlei wichtige Fragen aus dem Gebiete des Ge-fängnißwesens, — eine Einrichtung, die seit nunmehr 10 Jahren besteht und sich reichlich bewährt hat. Um das Anregende dieser Verhandlungen anschaulich zu machen, sei es gestattet, wenigstens einige der in diesen Jahren besprochenen Themata hier namhaft zu machen:

Im Jahre 1858: Die Fürsorge für die kleinen Gefängnisse und die Pflege der jugendlichen Gefangenen.

Im Jahre 1859: Die Zustände in den Gerichts-gefängnissen Rheinlands und Westfalens. — Abänderung des Strafgesetzes dahin, daß der Richter resp. die Ver-waltungsbehörde bestimmen könne, daß die jugendlichen Verbrecher bis zum 16. Lebensjahre, auch wenn sie mit Unterscheidungsvermögen gehandelt haben, anstatt die gewöhnliche Gefängnißstrafe abzubüßen, auf 1 bis 5 Jahre in besondern Anstalten untergebracht werden.

Im Jahre 1861: Was kann die Gefängniß-Ge-sellschaft zur Beschaffung des rechten Aufseherpersonals thun? — Ueber die Unterbringung jugendlicher Ge-fangenen in Besserungsanstalten.

Im Jahre 1862: Krönung des besten „Handbuchs für Gefangen-Aufseher." Anbahnung einer näheren

Verbindung der verschiedenen deutschen und auswärtigen Gefängniß=Gesellschaften.

Im Jahre 1863: Die gesetzliche Regelung der Jsolirhaft.

Im Jahre 1864: Wie können kurzzeitige Gefangene angemessen beschäftigt werden? — Die aus der zeit= lichen Trennung von Urtheilsspruch und Vollzug des= selben für die Gefangenen erwachsenden materiellen und sittlichen Nachtheile. — Ist die Auswanderung für ge= wisse Categorieen von Verbrechern zu empfehlen und unter welchen Bedingungen?

Im Jahre 1865: Die Aufseher=Verhältnisse, und was kann geschehen, um deren höchst bedauerlichen Zu= ständen abzuhelfen? — Ist die Pflege der Entlassenen durch die geordneten kirchlichen Gemeinde=Organe zu empfehlen und wie kann im Bejahungsfalle diese Pflege bei denselben geweckt und gefördert werden?

Im Jahre 1867: In welcher Weise und nach welchen Principien ist die Durchführung der Classification der Gefangenen möglich und wünschenswerth? — An= stellung eines General=Direktors resp. einer General= Commission für das Gefängnißwesen in Preußen. Statut für Synodal=Hülfsvereine zum Zweck besserer Einfügung der Vereinsthätigkeit in die kirchliche Ge= meinde=Organisation.

Aus den Verhandlungen über diese Fragen gehen fast immer Beschlüsse hervor, welche geeignet sind, die Werke der Gesellschaft zu fördern, und manche vor= treffliche Einrichtungen in den Gefängnissen verdanken ihnen die erste Anregung.

Mit der General=Versammlung Hand in Hand geht eine Conferenz der Gefängnißbeamten, welche den Zweck hat, die für diese Beamten besonders wichti= gen Fragen zur Erörterung zu bringen. So wurden im Jahre 1865 folgende Themata zur Verhandlung gebracht: 1) Einrichtung von Hülfskassen für die Auf=

seher in den einzelnen Anstalten. 2) Ueber die Be=
köstigung der Gefangenen. 3) Was kann geschehen,
damit der Verkehr der Detinirten mit ihren Angehörigen
bei Besuchen, durch Correspondenz und nach ihrer Ent=
lassung nicht nachtheilig, sondern heilsam wirke? — Im
Jahre 1867: 1) Beurtheilung der beiden Arbeitszweige
der Korkschneiderei und Weberei. 2) In welchem Um=
fange ist die diskretionäre Strafgewalt des Anstaltsvor=
stehers zu statuiren? 3) In welcher Weise und in
welcher Ausdehnung soll die Bewegung der Straf=
gefangenen in freier Luft und ihre körperliche Reinigung
stattfinden? 4) In welcher Weise und in welchem Um=
fange sollen über die Verhältnisse der eingelieferten
Strafgefangenen Nachweise beigebracht werden? — Für
den Gefängnißbeamten, der, durch sein Amt gebunden,
so selten Gelegenheit zum Meinungsaustausch selbst über
die nächstliegenden Fragen seines Berufes hat, müssen
solche Conferenzen sehr erwünscht sein, und der Ge=
fängniß=Gesellschaft wird durch die Anträge derselben
ein schätzenswerthes Material für ihre Thätigkeit ge=
boten.

Auch eine C o n f e r e n z   d e r   G e f ä n g n i ß g e i s t=
l i c h e n ist mit der General=Versammlung verbunden,
welche die Fragen des geistlichen Berufs in den Kreis
ihrer Berathungen zieht. Dieselbe verhandelte z. B.
über die Bekehrung im Gefängniß (Schwierigkeiten,
Möglichkeit, Mittel, Kennzeichen); über die rechte
Stellung der Geistlichen zwischen den Gefangenen und
den weltlichen Behörden; über die Confirmation im
Gefängniß; über die Gründung einer Gefängniß=Zeit=
schrift für Rheinland=Westfalen; über die rechte Predigt=
weise im Gefängniß u. s. f.

Endlich ist mit der General=Versammlung auch ein
kirchlicher Gottesdienst und eine Versammlung zu freiem
Verkehre verbunden, und es darf gesagt werden, daß
der Geist, der in allen diesen jährlichen Zusammen=

künften von gewöhnlich über 80 Freunden der Ge=
fängnißsache weht, zur Erhöhung der Theilnahme und
Belebung allseitiger Thätigkeit wesentlich beigetragen hat.
Die General=Versammlung ernennt zur Ausführung
ihrer Beschlüsse und zur Leitung der ganzen Gesellschaft
einen Ausschuß, der in Düsseldorf seinen Sitz hat
und überwiegend aus dort wohnhaften Mitgliedern be=
steht. Doch sind z. B. auch die Präsides der beiden
Provinzial=Synoden, die Vorsteher der Asyle und andere
hervorragende Freunde der Gefängnißsache Mitglieder
desselben. Durch diesen Ausschuß unterhält die Gesell=
schaft ihre Verbindung mit den verwandten Gesellschaften
des In= und Auslandes; die Abgeordneten desselben
vertreten sie bei öffentlichen Gelegenheiten z. B. bei der
Versammlung der „Freunde der Gefängnißreform aus
allen Nationen", welche in Frankfurt am Main zu=
sammenzutreten pflegt; deßgleichen bei der „Evangelischen
Alliance", dem deutschen evangelischen Kirchentage, den
Conferenzen deutscher Gefängnißbeamten 2c. Im Auf=
trage der Gesellschaft sammelte der Ausschuß im Jahre
1860 das Material zu einem Generalbericht über die
Zustände der nicht unter den Königlichen Regierungen
stehenden Gerichtsgefängnisse behufs Einsendung an die
Staatsbehörden, sowie zu besonderen Berichten über die
Zustände einzelner Gefängnisse, um auf Grund der=
selben die Wünsche der Gesellschaft an die Behörden
gelangen zu lassen, was von diesen in freundlichster
Weise willkommen geheißen und in vielen Fällen mit
der Genehmigung der gestellten Anträge beantwortet
wurde. In einzelnen besonders schwierigen Fällen über=
nimmt der Ausschuß auch die Unterbringung von Ent=
lassenen in Asylen oder die Sorge für deren Aus=
wanderung. Er verbreitet die zur Erweckung der
Theilnahme am Gefängnißwesen geeigneten Schriften
und veranlaßt selbst die Herausgabe solcher Schriften,
z. B. der Schriften ihres Agenten Pastor Schultze:

„Wer soll Gefängnißwärter werden?" und: „Vincentius von Paula. Ein Lebensbild." „Das Werk der Liebe an den entlassenen Strafgefangenen. Von Fr. Pr. Gekrönte Preisschrift." Er verfaßte einen „Catalog für Gefängniß-Bibliotheken" und gibt gern zur Begründung solcher Bibliotheken die sonst nicht beibringlichen Mittel her. Er macht die Persönlichkeiten ausfindig, die zur Uebernahme von Gefangenwärter-Posten geneigt und tüchtig sind und auf Veranlassung der Gesellschaft in dem Gefängniß zu Cöln ihren Probecursus durchzumachen haben. Er veranstaltet öffentliche Vorträge über die Gefängniß-Sache, welche namentlich das gebildete Publikum für dieselbe zu interessiren bestimmt sind, und sucht die Thätigkeit der Tochtergesellschaften und Hülfsvereine, wenn es erforderlich, zu beleben und neue Vereine zu gründen; (als solche entstanden in den letzten Jahren namentlich die Tochtergesellschaften zu Hamm, Coblenz und Bielefeld, die Vereine zu Mülheim, Simmern u. s. w.). Wo die Anstellung von Gefängniß-Geistlichen und Lehrern noch erforderlich, sucht er die Behörden zur Creirung der Stellen zu veranlassen und gibt nicht unbeträchtliche Zuschüsse zu den Gehältern. Er führt die Correspondenz mit den kirchlichen und anderen Behörden, z. B. mit den Provinzial-Synoden über die Aufnahme einer Fürbitte für die Gefangenen in's allgemeine Kirchengebet; mit den K. Consistorien über die Pflege der Entlassenen Seitens der Geistlichen und Presbyterien; mit den Regierungen wegen Uebersendung der Jahresberichte der Gefängniß-directoren an die Gesellschaft; mit den Justizbehörden wegen Besuchs der Kreis- und Gerichts-Gefängnisse; mit dem Ministerium des Innern wegen Errichtung einer Anstalt für jugendliche Gefangene männlichen Geschlechts in der Rheinprovinz; mit dem Justizministerium wegen Zulassung der Untersuchungsgefangenen zum Gottesdienst und zum Seelsorger u. s. f. Auch

bereitet der Ausschuß die Petitionen vor, welche an den
Landtag der Monarchie (z. B. im Jahre 1861 in Be=
treff der brennendsten sechs Fragen über das Gefäng=
nißwesen der Gegenwart) und die Provinzial=Landtage
(z. B. über die Auswanderungs=Frage im Jahre 1865)
zu richten sind, und ist der Mittelpunkt für jede andere
gemeinsame Thätigkeit der Gefängniß=Vereine.

Schon diese kurze Darstellung der Aufgabe, welche
der Ausschuß zu lösen hat, wird genügend beweisen,
daß er ohne besondere Beihülfe nicht im Stande sein
würde, derselben gerecht zu werden. Er hat deshalb
seit dem Jahre 1857 einen besonderen Agenten berufen,
zu dessen Besoldung Se. Majestät der König Friedrich
Wilhelm IV. einen jährlichen Zuschuß von 450 Thlrn.
allergnädigst bewilligte. Die Königl. Regierung kam
den Anträgen der Gesellschaft auf's bereitwilligste ent=
gegen, indem sie genehmigte, daß der jedesmalige evan=
gelische Gefängnißprediger zu Düsseldorf die Agen=
tur übernahm, und der Gefängniß=Gesellschaft bei Be=
setzung der Prediger=Stelle eine Wunschäußerung hin=
sichtlich der zu ernennenden Persönlichkeit gestattet sei.
Einige Jahre später wurde jedoch die Agentur des
Düsseldorfer Geistlichen auf die Rheinprovinz beschränkt,
für Westfalen Anfangs zu Hamm, später zu Bielefeld
eine besondere zweite Agentur gegründet und mit der
Wahrnehmung einzelner agentarischer Thätigkeiten ein=
zelne Gefängnißprediger betraut. So nur wurde es
der Gesellschaft möglich, von den Verhältnissen sämmt=
licher Gefängnisse sich gründlich zu unterrichten, ihre
Thätigkeit durch Gründung neuer Vereine auszudehnen,
überhaupt in der oben geschilderten Weise ihre Wirk=
samkeit fortzusetzen. Durch Berichte, Predigten, Vor=
träge und Schriftenverbreitung, durch persönliche Ver=
wendung bei Behörden und Freunden der Gesellschaft,
durch gründliches Studium der Gefängniß=Literatur,
überhaupt durch persönliche Vertretung aller Interessen

der Gesellschaft haben sich die Agenten als sehr geeig=
nete Organe, durch welche dieselbe ihre Zwecke verfolgt,
bewährt, und der reiche Segen, der bisher durch Gottes
Gnade auf ihre Thätigkeit gelegt wurde, gibt der Ge=
sellschaft die Bürgschaft dafür, daß sie auch ferner ihr
Werk zum Heil der Gefangenen und zur Ehre des
HErrn wird treiben können.

Auch in ihren finanziellen Verhältnissen hat die
Gesellschaft in den letzten Jahren eine wesentliche Ver=
besserung dadurch erfahren, daß auf ihren Antrag die
Provinzialsynoden beider Provinzen ihr eine jährliche
Kirchencollecte in allen evangelischen Gemeinden
derselben gewährten, welche jährlich etwa 800 Thlr.
aufbringt; und es ist nicht blos dieser ansehnliche Zu=
schuß, sondern mehr noch die theilnehmende Fürsorge
der kirchlichen Behörden und die Opferwilligkeit der
Gemeinden, welche die Gesellschaft in ihrer Arbeit stärkt
und zum ferneren treuen Wirken anspornt.

Hat sie in neuester Zeit auch bei der Anbahnung
einer Fürsorge für die aus den Gefängnissen Rhein=
lands und Westfalens entlassenen kurhessischen Ge=
fangenen, sowie zur Neugestaltung eines Gefängniß=
vereins in Nassau Handreichung thun dürfen, so hat
sie dadurch nur einen geringen Dank für das, was ein
Fliedner und vom Stein ihr gewesen, abgetragen.

Ueberhaupt liegt es der Gesellschaft fern, zu wäh=
nen, daß sie auch nur annähernd das Ziel ihrer Wirk=
samkeit erreicht habe. Sie ist sich bei allem Erfolge,
dessen sie in ihrer langjährigen Thätigkeit gewürdigt
wurde, auf's tiefste dessen bewußt, daß sie noch in den
„Tagen geringer Dinge" steht und daß sie, um ihre
Aufgabe erreichen zu können, noch viel kräftiger selbst
wirken und durch die Theilnahme aller Mächte des
öffentlichen Lebens unterstützt werden muß. Es ist
wohl kein Schaden innerhalb und außerhalb der Ge=
fängnisse, an den sie nicht versucht hätte die bessernde

Hand zu legen, und fast keiner ihrer Versuche ist ganz
fehlgeschlagen; aber sie muß sich gestehen, daß auch noch
kein einziger gründlich beseitigt ist. Viel Reformen,
aber keine Reformation! das ist ihre Klage, ihr
demüthiges Selbstbekenntniß, aber auch ihr Sporn zu
unablässiger Thätigkeit; und wie sie kein Mittel un=
versucht lassen darf, um ihr hohes Ziel zu erreichen,
so ist sie auch je länger desto entschiedener sich des
Mittels bewußt geworden, das allein die Verheißung
des gewissen endlichen Sieges hat, und das wir kurz=
weg mit dem biblischen Ausdruck bezeichnen können:
„Der Glaube, der in der Liebe thätig ist." Mit einem
kurzen Hinweis auf das höchste Thun dieses Glaubens
sei es gestattet, diese Blätter zu beschließen.

Die Schächerbitte.

Als jener Mörder und Aufrührer, der an der
Seite des Heilandes den verdienten Kreuzestod erdul=
dete, noch in letzter Stunde zur Buße über seine Ver=
brechen und zum Glauben an seinen Mitgekreuzigten
als den Sohn Gottes und wahrhaftigen Erlöser der
Welt gelangte, wandte er sich mit dem inbrünstigen
Gebete an Ihn: „HErr, gedenke meiner, wenn
Du in Dein Reich kommst!" Er bekennt Jesum
Christum als seinen HErrn; er glaubt, daß Ihm das
Reich gehöre im Himmel und auf Erden; er ist über=
zeugt, daß Seine Fürsprache auch ihm, dem todeswür=
digen Verbrecher, noch Gnade und Vergebung, und
dadurch den Eintritt in's Reich der Herrlichkeit erwer=
ben könne; und er ist, wie tief erfüllt auch von seinem
Schuldgefühl, doch der lebendigen Zuversicht, daß er sich
an das Erbarmen dieses HErrn nicht vergeblich wende,
daß er, wenngleich von aller Welt und seinem eigenen

Gewissen verurtheilt, doch in dem Herzen des Versöh=
ners das ihn ewig rettende Mitleid finden werde.

Und sein Glaube wird mit herrlichster Gewährung
gekrönt. Der HErr spricht zu ihm: „Wahrlich, Ich
sage dir, heute wirst du mit Mir im Para=
diese sein!" und Er hat ihn als die erste Beute sei=
nes heißen Todeskampfes in jenem Triumphzuge, der
Ihm den Himmel öffnete, mit Sich geführt.

So dicht neben den Gekreuzigten gerückt, ist dieser
Schächer für die ganze Christenheit, die sich dem Ge=
kreuzigten betend naht, ein lauter Weckruf, der Gefan=
genen in ächter Christenliebe zu gedenken. Wie der
andere Schächer mit seinen Lästerungen und seinem —
so viel wir wissen — ungebrochenen Herzen an die
grauenvolle Macht der Sünde gemahnt und durch die
Schrecken eines unbußfertigen Todes uns auffordert,
Alles aufzubieten, was in unsern Kräften steht, um die
Gefangenen vom zeitlichen und ewigen Verderben zu
retten, so ist dieser bußfertige und gläubige Schächer
ein tröstliches Unterpfand dafür, daß es eine Gnade
gibt, die auch den Versunkensten aus den Tiefen des
Verderbens herausreißen und sich an ihm um so mehr
verherrlichen kann, je größer sein Elend ist. Die Be=
kehrung noch am Holz des Fluches sagt uns: „Seid
fest, unbeweglich und nehmet immer zu in dem Werke
des HErrn, sintemal ihr wisset, daß eure Arbeit
nicht vergeblich ist in dem HErrn!" Sie weist
uns zugleich hinauf in das bessere Jenseits, wo aller
durch unsern Dienst Geretteten eine ewige Erlösung und
jeder noch so geringen Arbeit der Liebe ein unaussprech=
licher Gnadenlohn harret.

Der betende Mörder ist aber zugleich eine Mah=
nung an alle Freunde der Gefangenen, des mächtigsten
Hebels zur Rettung der Gefangenen, — des Gebets
und namentlich der Fürbitte für die Gefangenen
nicht zu vergessen. Machen wir vielleicht auf keinem

anderen Gebiete so demüthigende Erfahrungen von der Unzulänglichkeit aller eigenen Kraft und Weisheit als auf dem Arbeitsfelde der Gefangenen-Pflege, so sollte auch auf keinem andern ein so reicher Gebrauch von diesem Alles überwindenden Mittel gemacht werden. Den Schächern ein Schächer werden, d. h. mit ihnen den ganzen Jammer der Sünde empfinden und mit ihnen zu dem Heilande aller Sünde um Gnade und Erbarmen rufen, — das ist ohne Zweifel die höchste und heiligste Aufgabe aller Gefängniß-Gesellschaften.

Mache uns der HErr in dieser und in der Uebung jeder Liebespflicht gegen unsere armen gefangenen Brüder treu durch den Hinweis auf Sein Wort:

„Ich bin gefangen gewesen und ihr seid zu Mir gekommen."
(Matth. 25, 36.)